뇌기반
교육의 원리

뇌 기반 교육의 원리

Introduction to Brain-Compatible Learning (2nd ed.)

Eric Jensen 저 | 정종진 역

Introduction to Brain-Compatible Learning (2nd ed.)
by Eric Jensen

■ 역자 서문

최근 교육학과 인지심리학 분야에서는 뇌 연구에 기초한 혹은 뇌에 일치하는 교육인 뇌기반 교육(brain-based education 또는 brain-compatible education)이 21세기의 새로운 교육혁명으로 강조되고 있다. 뇌기반 교육은 '모든 학습은 뇌에서 이루어진다.' 라는 대전제 아래 학습자의 사고와 학습과정, 뇌의 인지기능 및 구조에 대한 과학적 이해를 바탕으로 학습자의 뇌를 효율적으로 활용할 수 있는 적절한 교수-학습 환경을 설계하는 데에 목표를 둔 새로운 교육 패러다임이다. 이러한 뇌기반 교육의 접근이 만병통치가 되는 것은 아니지만, 21세기에 나아가야 할 몇 가지 중요한 교육의 방향을 제시해 주고 있다는 점에서 의의가 있다.

이 책은 뇌기반 교육의 패러다임에 대한 기본적인 이해의 틀을 마련한 뇌 전문가 Eric Jensen의 베스트셀러 *Introduction to Brain-Compatible Learning*(2판, 2007)을 우리말로 옮긴 것이다. 뇌와 관련된 신경과학적 근거에 기반을 둔 최신 정보와 아이디어를 슈퍼캠프(SuperCamp)라는 프로그램에 적용하여 미국에서 성공을 거두고 있는 Eric Jensen은 이 책에서 뇌가 어떻게 학습하는가에 대한 최신 연구 결과를 소개하고 학습에 대한 전통적인 접근과 뇌기반 접근 간의 근본적인 차이점, 그리고 뇌기반 교육의 중요한 특징과 원리를 이해하기 위한 기본 틀을 간단명료하게 제시해 주고 있다.

이 책은 3부로 구성되어 있는데, 제1부에서는 뇌기반 교육을 이해하는 데 배경지식이 되는 뇌에 관한 기본 지식을 다루고 있고, 제2부에서는 뇌기반 교육의 일곱 가지 원리와 그 원리들이 교육자들에게 주는 시사점을 다루고 있으며, 제3부에서는 뇌 연구의 결과와 뇌기반 교육의 원리들을 실천에 옮기기 위한 후속 단계들에 대해서 다루고 있다. 교육자들은 이 책을 통해서 뇌의 각 부위, 뇌 연구의 시사점, 뇌의 남녀 차이, 기억력에 도움이 되는 활동의 유형에 대해서 알 수 있을 것이다. 역자로서 작은 바람이 있다면, 이 책을 통해 교육자들이 학습자의 뇌 발달과 작용을 이해하고, 그동안 실시해 왔던 자신의 교수와 학습 방법을 검토하여 뇌기반 교육의 원리를 현장에 적용하며 실천해 나가는 계기가 되었으면 한다.

이 책의 번역을 마무리하는 데는 많은 분들의 도움이 있었다. 특히 연구교수로서 해외 체류의 기회를 제공해 준 대구교육대학교와 객원교수로 초청해 준 오스트레일리아 퀸즐랜드 대학교, 그리고 연구실을 마련하여 조용히 앉아 번역 작업을 할 수 있도록 아낌없는 지원과 격려를 해 주신 Peter Renshaw 박사와 Nan Bahr 박사에게 이 자리를 빌려 감사의 마음을 전하고 싶다. 아울러 연구와 번역 작업을 이유로 오스트레일리아의 다양한 문화를 체험하고 여행할 수 있는 시간을 많이 갖지 못해 아내와 딸에게 미안했던 마음을 이 책을 바치면서 다소나마 덜고자 한다.

우리 교육을 생각하는 절실한 마음을 담아
정 종 진 씀

저자 서문

뇌에 관한 학습은 과학자들에게만 필요한 것이 아니다. 만일 자동차를 수리하고 싶다면 자동차 정비사를 찾아가야 하고, 법적인 문제에 대한 도움을 받고자 한다면 변호사를 찾아가야 할 것이다. 그렇다면 뇌와 학습법에 대해 이해하고자 한다면 교사를 찾아가야 할까? 아마도 그렇지 않을 것이다. 그렇지만 아직도 매년 수백만 명의 부모들은 자녀들을 가르치는 전문가들이 뇌와 학습과정에 대해 뭔가 알고 있다고 믿고 있다. 교사들을 변호하는 입장에서 보면, 신경과학자들조차도 아직 뇌의 내적 작용에 대해 각기 견해를 달리하고 있다. 많은 교원 양성 대학에서 인기 있는 심리학 강좌를 개설하고 있지만, 인지신경과학이나 응용신경생물학 강좌가 개설된 곳은 많지 않다. 교원 현직 연수에서는 현장 문제에 초점을 두고 있는 경우가 많지만, 뇌의 작용에 관한 지식을 가르치고 있지는 않다. 유명한 논문들을 보아도 오늘날의 교육자들이 필요로 하는 관점이나 뇌에 관한 깊이 있는 지식을 제공하고 있는 경우는 매우 드물다. 그러나 이 책은 이런 분야를 시작할 수 있도록 해 준다. 나의 출발점은 조금 특이하다.

20년도 더 전에 나는 '뇌기반 학습(brain-compatible learning; 역자주: 뇌에 일치하는 학습, 뇌가 좋아하는 학습, 뇌와 어울리는 학습, 뇌친화적 학습 등으로도 번역될 수 있지만 여기서는 뇌기반 학습으로 번역 사용하고자 함)'에 대해 처음 접하게 되었다. 나는 우리의 뇌가 가장 좋아하는 학습방법에 관한 연구를 수행했던 강사들이 마련한 한 강좌를 이수했다. 그 당시 매우 깊은 인상을 받아 심지어 오늘날까지도 그 연수회에서 배웠던 개념과 원리를 기억하고 있으며 수업자료로 활용하고 있다. 강사들은 뇌에 관한 몇 가지 중요한 원리들을 확실하게 이해하고 있었다. 나는 그때 너무나 감명을 받아(어떤 사람들은 내게 열광자라고 말할 것이다) 그 흥분과 감동을 다른 사람들에게 널리 전하고 싶었다. 당시 나는 교사였기 때문에 우선 '내 학생들도 매일 이러한 경험을 해야 되지 않겠는가?' 라는 생각이 들었다. 그 반응은 겸손하면서도 의지의 다짐이었다.

이러한 새로 발견한 뇌와 학습의 연결은 혁신을 위한 발판이 되었다. 그 연수회를 마치자마자 슈퍼캠프(SuperCamp)/퀀텀 학습(Quantum Learning)이라 불리는 실험적이고 최첨단의 기숙제 학업 증진 프로그램을 공동으로 개설했다. 이 프로그램은 전 세계적으로 성공을 거두었고, 이 프로그램에 참가하여 졸업한 학생들이 세계적으로 4만 5,000명 이상에 달하고 있다. 수년 동안 수천 명의 아이들에게 흥분과 감동을 보고 듣고 느낄 수 있도록 해 주었다. 공부와 학교, 심지어 자기 자신조차도 싫어했던 아이들이 뇌기반 환경 속에 놓이기만 해도 급격히 달라졌다.

나는 맹목적이 아니라 합당한 근거를 가지고 뇌기반 교육에 열광하고 추종한다. 무엇보다도 뇌기반 교육의 원리들이 만들어 내는 차이점을 보고 듣고 느꼈다. 학습에서 실패한 적이 있고 용기를 잃어버린 학생들이 연령과 배경에 관계없이 누구나 뇌기반 교육으로 성공할 수 있으며, 실제로 성공해 왔다.

뇌기반 교육의 접근이 만병통치는 아니지만, 21세기에 나아가야 할 몇 가지 중요한 방향을 제시해 주고 있다. 인간이 자연스럽게 학습하는 방법과 일치하는 프로그램들에 대한 검증에는 시간이 필요하다. 그러나 뇌기반 교육이 수년 동안 실제 교실 현장에서 종사하고 있는 교사들을 통해 효과적인 것으로 입증되어 왔고, 또한 여러 해에 걸친 연구로 뇌가 지금 뇌기반 교육을 학업적 엘리트의 명예 전당에 들어가도록 만들었다는 점에 대해서는 감사해야 한다.

이 책은 여러분—일선 교사, 교사교육자, 행정가, 평생학습자—을 위해 만든 것이다. 여러분은 가능한 최상의 방법으로 학습을 촉진하는 중요한 일을 수행하기 위한 촉매자다. 이 책의 목적은 교육의 패러다임이 뇌기반 교육으로 이동하고 있으며, 뇌기반 교육의 패러다임이 무엇인지 기본적인 이해를 도모하는 데 있다. 이 책을 읽고 여러분이 학습에 대한 전통적인 접근과 뇌기반 접근 간의 혁신적인 차이점과 뇌기반 교육의 원리를 이해하기 위한 기본 틀을 잘 파악한다면, 이 책의 집필 목적이 달성되는 셈이다. 만일 여러분이 이 책을 읽고 "그래……, 다음엔 뭐야?"라고 생각한다면, 나의 사기가 충천해져 뇌기반 학습에 대한 나의 의욕을 불태울 수 있을 것이다. 이것이 변화를 위한 여행의 시작이 될 것이다. 대모험을 준비하고 출발하자!

Eric Jensen

| 차 례 |

제2부_ 뇌기반 교육의 원리

CONTENTS

제3부_ 학교교육의 방향

제 1 부

뇌기반 교육의 기초

뇌기반 교육을 위해서는
뇌에 관한 예비 지식이 필요하다.

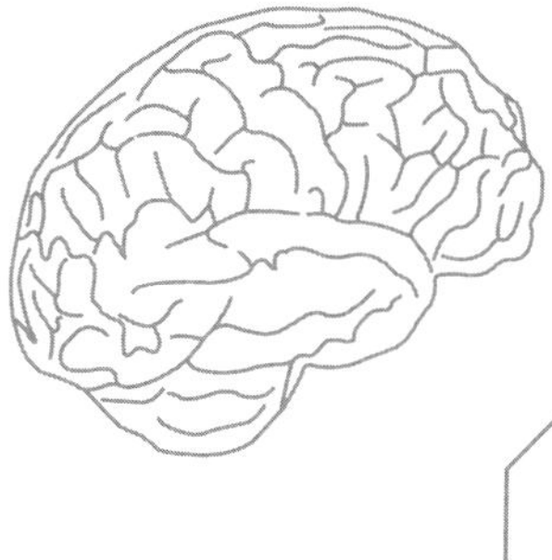

뇌기반 교육이란 무엇인가

뇌기반 교육이란 무엇인가? 좋은 질문이다. 뇌기반 교육에 대해 잠시 생각해 보도록 하자. 최초의 학교교육 방식은 간단했다. 그것은 도제(徒弟, apprenticeship) 방식이었다. 인류 역사상 오랫동안 자신이 배우고 싶은 것이 있으면 그에 대해서 자기보다 더 잘 아는 사람을 찾아가 교육을 받았다.

산업혁명 이후로는 새로운 모형이 등장했다. 모든 사람들이 한곳에 모여 표준화된 컨베이어 장치의 교육과정을 제공받았다. 이러한 두 번째의 학교교육 모형 혹은 패러다임은 1800년대에 개발되어 20세기까지 널리 보급되어 왔다. 이 모형은 '공장 모형(factory model)' 이라고도 불린다. 복종, 질서정연함, 통일성, 권위에 대한 존중과 같은 공장의 기능이 강조되었기 때문이다.

1950년에서 오늘날에 이르기까지 정보화 시대에 접어들면서 학교가 어떤 역할과 기능을 할 수 있고 해야만 하는지 많은 모형들이 제시되었다. 정보화 사회의 흐름을 통제하는 데에 초점을 둔 보다 전통적인 모형들이 있는가 하면, '요구 모형(demand model)' '무대 위의 현자(sage-on-the-stage)' '서서 전달하기(stand-and-deliver)' 와 같은 모형들도 있었다. 교사가 '요구하는' 질문에 즉시 대답하도록 학습자에게 요구하고, 교사는 교실 앞에서 '지식' 을 가르치는 일을 하는 '전문가' 로 여겨졌다. 그러나 1990년대 초에 새로운 모형이 등장하기 시작했다.

전혀 다른 성격의 교수-학습 과학이 발달했는데, 다름 아닌 교육신경과학(educational neuroscience)이었다. 교육신경과학은 뇌를 이해하기 위한 간학문적 접근으로 시작되었으며, 뇌기반 교육으로 알려졌다.

> 뇌기반 학습은 뇌에 대한 연구로부터 직접 깨달은 것에 기초하여 이해하고 가르침을 받은 것이다. 뇌기반 교육은 뇌에 관해 알고 있는 사실과 일치되는 원리와 전략을 적용하는 것이다.

뇌기반 교육은 우리의 뇌가 학교 상황에서 어떻게 작용하는지 그 원리에 기초한 전략들을 적용하는 것이다. 따라서 학교시간표, 훈육정책, 평가방법, 교수 전략, 예산 집행 순위, 교실 환경, 기술공학의 활용, 그리고 예술교육과 체육교육에 대한 우리의 사고방식까지 변화시킬 것이다.

얼핏 보면, 뇌기반 교육은 생물학 분야이거나 단지 진부한 학습이론에 기초한 원리로 보일 수도 있다. 그러나 자세히 검토해 보면, 교육자들은 성공적인 교실 환경을 지원하기 위해 자연과학을 이해하는 것이 보다 전문성을 갖추게 해 준다는 것을 잘 인식하고 있다. 최상의 뇌기반 학습과학은 학습에 있어서 하나의 혁명, 즉 교사로 하여금 모든 학생들이 잘 학습할 수 있도록 직무를 수행하는 데에 전기를 마련해 주는 새로운 학습 혁명이다.

이 책에서 다루고 있는 정보로부터 도움을 받기 위해서는 개인별 또는 동료끼리 실제로 여러 차례 적용해 보아야 한다. 실제로 시험해 보아야 뇌기반 학습을 충분히 이해할 수 있기 때문이다. 일단 뇌기반 학습을 경험하고 이해하게 되면, 자연히 학생 및 동료들과 공유하고 싶어질 것이다.

모든 학교와 지역 교육청들이 학습, 교육과정, 평가방법, 학교 구조에 관한 그들의 사고를 재평가하고 이 단계에서 뇌기반 전략들을 시행할 때, 비로소 교육기관의 진정한 개혁을 말할 수 있다. 3R(읽기, 쓰기, 셈하기)과 같은 학교의 기초교육에 대해 연구하고 성찰하고 수정한 뒤에야 비로소 학습 전략들이 최상의 효과를 발휘할 것이다. 교사로서, 교사교육자로서, 행정가로서 각자가 새로운 패러다임으로 향해 나아갈 때, 결과적으로 모든 사람들이 이득을 볼 수 있다.

다음 질문들은 새로운 패러다임으로 나아가는 데에 유용한 길잡이가 될 것이다.

- 학습자끼리 서로 비교하는 것이 의미 있는 일인가?
- 심한 스트레스와 위협이 학습자들에게 얼마나 영향을 미치는가?
- 다양한 기회 제공이 학습자들에게 얼마나 영향을 미치는가?
- 외국어를 가장 쉽게 학습할 수 있는 시기는 언제인가?
- 과일, 단백질 식품, 견과류가 왜 학교 자동판매기에 있어야 하는가?
- '일을 하고 있음(on task)' 혹은 '일을 하지 않고 쉬고 있음(off task)'이란 구절은 왜 부적절한 표현인가?
- 뇌는 성장이 완전히 멈추는가?
- 풍요로운 학습 환경을 구성하는 요인은 무엇인가?
- 어떻게 하면 학생들이 충분한 피드백을 받을 수 있도록 할 수 있는가?
- 왜 의도적으로 매일 강렬한 정서가 개입되도록 해야 하는가?

- 긴장이 전혀 없는 학습이 가장 좋은 것인가?
- 어떻게 하면 학생들이 학습한 것을 보다 많이 기억하도록 할 수 있는가?
- 아이들은 수업시간에 왜 주의를 집중하지 않는 경향이 있는가?
- 교사는 학생들이 대부분의 수업시간 동안 왜 주의를 집중하기를 원하지 않는가?
- 학교시간표가 왜 바뀌어야 하는가?
- 전체 단원에 대한 마인드맵이 왜 미리 제공되어야 하는가?
- 집단과제 혹은 협동학습이 왜 뇌에 좋은가?
- 우리의 뇌는 시간의 경과에 따라 어느 정도 변화하는가?
- 뇌기반 교육과정은 어떤 점에서 학생들의 학업동기를 촉진하는가?
- 보상은 왜 학교에서 없어져야 하는가?

신 · 구 패러다임

낡은 패러다임

전통적 접근

행동주의 모형

통제 모형

환원주의적 사고

요구 모형

무대 위의 현자

긍정적 사고에 기초한 희망

학생들을 위한 목표 확인

다른 사람들과의 비교

학생들이 학습하도록 요구하는 것

서서 전달하기

바람직한 행동에 대한 보상

부정적 행동에 대한 처벌

새로운 패러다임

주요 원리에 대한 이해

전체상(big picture)의 사용/ 총체적 사고

협동학습

뇌의 차이를 수용하고 다루기

학생별로 학습 성과의 전후 비교하기

과학에 근거를 둔 희망

뇌의 긍정적 변화를 야기하는 것에 초점 두기

학습을 위한 규칙에 관여하기

스트레스 수준을 관리하기

뇌에 좋은 음식: 풍부한 음식물 / 포도당 / 이온수

정서적 준비도: 안전, 최선을 다하기, 신기성, 도전감, 목표

한계점 투입 / 주의 집중 간격 범위

충분한 처리 시간

뇌 연구가 교실에 적용되면 모든 것이 변화될 것이다

- 훈육 정책

  권력과 권위가 아닌 우리의 생활사와 문화적 강점에 기초
- 교육과정

  발달적으로 적합하고 진로와 관련
- 새로운 교사 교육

  검사 점수가 아닌 뇌를 알고 가르치기
- 교실 설계

  보다 나은 조명, 음향시설 및 온도 조절
- 하루/주간/연간 교수 내용

  적은 분량과 깊이 있는 내용
- 시간 계획

  수업시간 시작 이원체제/아침에 일찍 일어나는 학생(7:30 a.m.)과 아침에 늦게 일어나는 학생(9:30 a.m.)
- 수업 전략

  안전한 분위기 조성, 권한 위임, 새로움, 도전감, 투입행동(선수학습) 고려, 주의 집중 간격 고려, 활동 중심, 모의실험, 경험적 활동
- 평가

  포트폴리오, 노력과 학습 열정에 대한 측정, 고부담 검사 미실시
- 예산 집행의 우선순위

  예방에 중점, 교사의 보수 인상, 좋은 건물 설치

- 교사 전문성 개발
- 음식 서비스 프로그램
- 기술공학

  고등학교 이전에는 온라인 없는 교실
- 이중 언어 프로그램

  문화와 언어에 집중, ESL에 필요한 시간 마련
- 특수교육

  연구에 입각한 프로그램, 보다 많은 원조, 장기적 지원

변화는 쉽게 이루어질 수 있다

뇌기반 교육을 적용하면 엄청난 변화를 일으킬 수 있다.

- 알고 있으면서도 행하지 않은 것 이용하기
- 유용하지 않거나 해로운 것 제거하기
- 모르는 것을 기꺼이 알고자 하거나 새로 학습하기
- 현재 행하고 있는 것을 훨씬 더 많이 행하기

사/례/연/구

▶ 어느 초등학교의 15년간의 변화과정

빈민지역의 한 초등학교 교장인 Matkin 박사는 교사의 질을 높임으로써 학생들의 강점을 증진시키는 데에 중점을 두었다. Matkin 교장은 변화를 위해 많은 일을 했다. 첫 번째로, 모든 사람들이 의사결정 과정에 참여하도록 했다. 두 번째로, 기능의 향상뿐만 아니라 태도의 변화에도 중점을 두었다. 빈민지역에 위치한 학교로서 빈민가 아이들도 훌륭히 학습할 수 있다는 것을 모든 교사들이 보고 알고 믿도록 했다. 세 번째로, 중요한 변화과정 중 하나로 교사의 전문성 개발을 위한 연수를 실시했다. 신임 교사들은 모두 '뇌기반' 교육에 대한 안내를 받았다. Matkin 교장은 모든 교사들이 연수를 받을 수 있도록 재정 확보에 노력했다. 주기적으로 연수를 받지 않는 교사들에게는 다른 직장을 찾아보도록 했다. 마지막으로, Matkin 교장은 항상 긍정적이었다. 언제나 다른 사람들이나 학생들의 좋은 점만 보려고 했다.

해당 교육청에서는 Matkin 교장을 좋은 조건의 다른 학교 교장으로 보내려고 했지만 그녀는 스스로 그 학교에 계속 머물기를 원했다. Matkin 교장은 하위 25%에 속하는 학교를 상위 25%에 속하는 학교로 끌어올렸으며, 마침내 그 학교는 국가로부터 우수학교로 지정되었다.

우리는 틀에 박히지 않는 창조자다

우리는 항상 늘 해 왔던 방식으로만 일을 하는 경향이 있다는 점에 주목해야 한다. 그렇다고 새로운 것만이 좋다는 말은 아니다. 신임 교사 시절에 나는 어느 선배 교사의 조언 대로 학생들을 가르쳤다. 하지만 그것은 그 선배 교사의 방식이었을 뿐 꼭 그래야 하는 것은 아니었다. 10년이 지나서 나는 학생들을 가르치는 다른 좋은 방법들이 있다는 것을 깨달았다.

만약 뇌기반 접근의 요소들이 익숙하게 들린다면, 이미 그것을 사용하고 있는 것이다. 그러나 뇌기반 접근의 요소들이 동등한 시너지 효과를 갖고 있는 것은 아니다. 또한 뇌기반 접근의 요소들에 대해 제대로 알지 못한 채 어설픈 지식에 빠지는 것에 유의해야 한다. 교사는 수많은 교수 전략을 구사하는 창조적인 존재다. 이 책에서 제시하고 있는 아이디어를 교사들이 똑같이 사용한다고 해서 모두가 뇌기반 교육을 행하는 것은 아니다. 만약 뇌기반 전략을 왜 사용하고 있는지 그 이유를 모른다면, 그 전략에 싫증을 느껴 결국 진정한 뇌기반 교육의 실천가가 될 수 없다. 뇌기반 교사들은 분명한 목적의식을 가져야 한다. 뇌기반 교수 전략을 사용하고 있는 이유를 전문적으로 설명할 수 있어야 한다. 되는 대로 무작정 일을 하지 않음으로써 보다 많은 것을 이룰 수 있다.

뇌기반 접근은 다른 접근처럼 일시적인 유행이 아닐 뿐더러 금방 싫증을 낼 만한 것이 아니며 등장한 지 거의 30년이 되었다. 종합해 볼 때, 뇌기반 접근은 모든 학습자들이 자신의 독특한 강점을 드러내며 학습할 수 있는, 기존과는 근본적으로 다른 무대를 제공하고 있다.

증거가 어디에 있는가

수많은 뇌 연구 결과는 우리의 뇌가 어떻게 작용하는지 명백하게 보여 준다. 이러한 뇌 연구 결과들을 종합해 보면 보다 확실하고 일반화된 원리를 도출할 수 있으며, 뇌기반 교수 전략의 효과를 높이는 데 도움이 되는 시사점을 제공받을 수 있다.

연구의 예

Dolcos, F., & McCarthy, G. (2006). Brain systems mediating cognitive interference by emotional distraction. *Journal of Neuroscience, 26*(7), 2072-2079.

연구의 결과

Dolcos와 McCarthy의 연구 결과는 정서 혼란이 인지과정에 부정적인 영향을 미친다는 뇌기반 접근과 일치하는 증거를 보여 준다. 이 연구는 전두엽 내에서 집행적 처리와 관련 있는 상부 신경계와 정서적 처리와 관련 있는 하부 신경계가 상호작용한다는 것을 밝히고 있다. 뇌는 정서적 혼란이 있을 때 그 기능을 잘 수행하지 못한다는 것이다.

이 연구가 유일한가

아니다. 정서의 영향력과 뇌가 정서 혼란에 민감하다는 것을 제시하고 있는 많은 다른 연구들이 있다.

도출되는 원리는 무엇인가

정서는 학습과정에서 매우 부정적인 영향을 미치는 요인이 될 수 있다.

어떤 전략을 구사해야 하는가

감정을 표현하거나 기분을 전환시키는 활동이 도움이 될 수 있다. 학교에 등교하여 일과가 시작될 무렵 단 몇 분이라도 정서를 표출할 수 있게 하고, 긍정적인 방식으로 정서를 조절할 수 있도록 한다. 이를 위해서는 잠시 걷기, 유머 있는 말과 행동, 짝꿍과의 교제 시간, 긍정적인 사회적 의식, 축하하기, 반성하기, 함께 나누기, 신체적 활동 등이 좋은 예다. 수업이 시작되자마자 교과 내용을 다루는 것은 생산적이지 못할 수 있다.

제안된 전략들은 연구에서 밝혀진 것은 아니다. 신경과학자들이 좋은 교사는 아니다. 사실 그들은 전략을 제안하지 않는다. 곧 그것들은 단지 좌뇌와 우뇌를 결합하는 데에 좋은 활동으로 권장되는 것이다. 뇌에 관한 연구는 반드시 어떤 것이 교실 전략으로 좋다고 증명해야 되는 것은 아니다. 그러한 증명은 쉽지 않다.

그러나 뇌에 관한 연구는 우리가 사용하고 있는 기존의 전략들이 좋은 것인지 혹은 나쁜 것인지 들여다볼 수 있고, 옳은 방향으로 사용될 수 있도록 이끌어 주며, 매우 부적절한 전략은 사용하지 않도록 할 수 있다. 뇌에 관한 연구가 어떻게 그것을 가능하게 하는가? 과학자들은 급속하게 변화하는 기술의 발전으로 이러한 새로운 기초를 닦고 있다. 앞으로 뇌를 검사하기 위한 도구들은 훨씬 더 정교하게 발전할 것이고, 물론 현재 사용해도 되는 몇 가지 공통된 방법이 있다.

뇌를 검사하기 위한 도구

fMRI

기능성 자기공명영상(functional magnetic resonance imaging: fMRI) 도구로 X-ray나 방사선 없이도 생체의 횡단면을 고질의 화상으로 볼 수 있다.

동물

실험실에서 쥐, 개, 고양이, 민달팽이, 원숭이 및 기타 동물을 대상으로 행하는 뇌 실험으로 인간의 뇌가 어떻게 작용하고 기능하는가에 대한 풍부한 정보를 얻는다. 연구를 위해 동물을 사용하는 것을 못마땅해하는 사람들도 더러 있지만, 정부에서는 서식 상태, 음식의 종류, 동물을 학대하는 연구의 금지 등과 관련한 매우 엄격한 기준을 마련하여 시행하고 있다. 실험실의 동물들은 대부분 일반 가정에서 길러지는 애완동물들보다 더 양호하게 취급되고 있다. 지금까지 동물들의 뇌 연구를 통해 인간의 뇌에 대한 많은 사실이 밝혀질 수 있었다.

컴퓨터 전극

뇌전도(electroencephalogram: EEG)와 뇌자도(magnetoencephalography: MEG)와 같은 컴퓨터 전극(computerized electrodes) 도구들은 뇌의 전기적 출력에 관한 해독장치다. 이 도구들은 뇌의 여러 상태를 나타내는 뇌파의 모양과 발작이나 치매와 같은 이상적(異常的)

인 뇌 기능을 탐지하는 데 사용된다. 또한 문제 해결 중에 얼마나 많은 활동이 이루어지고 있는지를 추적하는 데에도 도움이 될 수 있다.

임상적 연구

종종 대학교의 심리학과에서 자원자를 대상으로 한 임상적 연구(clinical studies)를 통해서도 많은 것을 알 수 있다. 예를 들어, 화면에 빠른 속도로 불을 잠시 번쩍 비추는 것을 통해 시각기관의 반응시간에 관해 알아낼 수 있고, 컴퓨터 시뮬레이션은 우리에게 의사결정에 관한 많은 사실을 알려 준다.

PET

양전자 방사 단층 촬영(positron emission tomography: PET) 도구로 뇌의 어떤 부위가 특별히 활동적인지 알 수 있다. 피검자가 방사성 물질이나 방사성 포도당을 주사기로 투여받거나 음용하면 PET는 뇌의 각 부위가 포도당을 소비할 때 방출되는 방사성 물질(양전자—전자에 대항하는 물질)의 양을 해독한다.

검시

신경병리학자는 뇌의 무게, 발달의 단계, 부식의 정도, 새로운 세포, 조직이나 기능의 손상(장애) 등 모두를 관찰하거나 측정할 수 있다. 예를 들어, 미국 LA에 소재하고 있는 캘리포니아 대학교의 신경과학자인 Bob Jacobs는 검시(autopsies)를 통해 학교생활에 보다 도전적이고 요구가 많은 학생들이 그렇지 않은 학생들보다 더 많은 수상돌기(많을수록 지능이 높다고 말하는 사람도 있다)를 가지고 있다는 것을 발견했다.

분광계

분광계(spectrometers)는 활동이 실제로 일어날 때 뇌의 화학적 움직임을 상세하게 측정해 준다. 예를 들어, 만일 우울한 기분을 느끼고 있다면 분광계를 통해 전두엽에 발생한 특정 신경전달물질의 수준 변화를 알 수 있다.

뇌 연구에 관심을 가져야 하는 열 가지 이유

10 사람들은 누구나 뇌를 가지고 있다. 여러분을 포함해서 여러분과 함께 일하고 함께 생활하는 모든 사람들이 뇌를 갖고 있다.

9 뇌에 대한 연구 결과들이 뉴스에서 다루어지고 있다. 점차 많은 사람들이 뇌 연구의 결과를 접하게 된다. 새로운 뇌 연구 결과를 다루고 있는 수백 개의 전문잡지와 수천 개의 인터넷 자료들이 있다. 그러한 정보를 접하고 알려진 사실을 잘 이용해야 할 것이다.

8 현재 뇌 연구는 새롭게 부흥하고 있다. 지금이 인류 역사상 뇌 연구에 가장 흥미를 보이는 시대일 것이다. 여러분은 그다음에야 개인적으로 da Vinci, Einstein, Curie를 만날 수 있을 것이다.

7 뇌 연구는 삶을 윤택하게 만드는 데 도움을 줄 수 있다. 새로운 사실을 배울 수 있고, 훨씬 더 영리해질 수 있으며, 보다 좋은 기억력을 가질 수 있다. 또한 뇌 연구는 뇌 손상을 피하거나, 손상이 되었을 경우 보다 빨리 회복되도록 할 수 있다.

6 뇌의 무게는 체중의 2%에 불과하지만, 신체 에너지의 20%를 사용한다. 그 에너지가 모두 어디로 가는지 알고 있는가?

5 뇌 연구는 교실에서 좌절을 겪고 다시 가르쳐야 하기보다는 옳게 행함으로써 훨씬 더 효율적인 방법을 찾아내어 일을 보다 쉽게 만들어 줄 수 있다.

4 뇌 연구를 통해서 기억력을 증진시키고, 집중하여 일하고, 직무 스트레스를 감소시키고, 심지어는 개인적으로나 직업적으로 학습을 촉진시키는 방법 등 매우 유용한 사실을 발견할 수 있다.

3 우리는 매일 수천 개의 뇌세포를 잃고 있으며, 또한 새로운 세포를 증식(신경 발생[neurogenesis]이라 불린다)시키고 있다. 뇌 연구의 결과를 통해 매일 뇌세포망이 형성될 수 있도록 무엇을 어떻게 해야 하는지 알 수 있다.

2 뇌 연구를 통해 알게 된 지식은 매우 실용적이다. 뇌 연구는 학생별로 학습 발달이 다른 이유와 그에 대한 처방을 알려 준다. 뇌 연구는 학습 지체, 난독증, 실서증(失書症), 자폐증, 계산 불능증의 비밀을 밝혀 주기도 한다.

1 우리는 모두가 언젠가는 죽는다. 점차 나이가 들수록 치매(dementia), 알츠하이머병(Alzheimer's disease), 파킨슨병(Parkinson' s disease)과 같은 질환에 걸릴 가능성이 더욱더 높아진다. 뇌 연구는 그러한 질환을 예방하고 치료하는 방법을 알려 준다.

뇌 모형의 발전과정

뇌의 작용에 대한 초기의 모형들은 2,000년을 거치는 동안 널리 확산되었다. 이 모형들은 각기 시대에 따라 적합하게 통용되었으며, 은유의 기술을 가장 폭넓게 사용했다.

2,000년 전으로 거슬러 올라가면, 뇌는 수압체제로 불리었다(그리스-로마 모형). 1700년대까지 뇌는 유동체제였고(르네상스), 1800년대에는 매혹적인 베틀이었다(초기 산업혁명). 보다 최근에 뇌는 도시의 배전반으로 불리었고(1900년대 초 · 중반), 지난 반세기에는 놀라운 컴퓨터로 불리었다(1950년대부터 현재).

Roger Sperry가 제안한 1970년대의 분할뇌 이론(split-brain theory)에서는 우뇌학습(right-brain learning) 혹은 전뇌학습(whole-brain learning)이 보다 필요하다고 했다. Karl Pribram이 제안한 1980년대의 홀로그래픽(holographic) 모형은 모든 중요한 일들이 뇌 속 어디에서나 일어난다고 했다. 홀로그래픽 모형은 뇌 모형으로서 은유의 기술을 사용한 또 다른 예였다. Richard Restak이 1980년대 말에 제안한 모듈 뇌 이론(modular brain theory)은 뇌가 독자적 기능을 하는 많은 모듈을 가지고 있으며, 각 모듈은 우리의 행동을 설명할 수 있다고 했다. 이러한 환원주의 모형(reductionist model)은 만약 뇌의 각 부위를 분리할 수 있다면 각 부위별로 중요성을 이해할 수 있을 것이라고 했다. 환원주의 모형에서는 뇌를 전체로서가 아니라 각 부위별로 분리하여 개별적으로 연구한다. 예를 들면, 편도를 제거하면 정서적 반응이 일어나지 않는 것으로 보아 편도가 정서를 다스린다는 것을 알 수 있다. 오늘날 우리는 뇌가 훨씬 더 복잡하다는 것을 알고 있다.

1952년에 처음 제안되어 1990년대에 널리 알려진 삼위일체 뇌 이론(triune brain theory)은 진화에 기초한 세 가지 도식(schema)을 소개했다. 이 이론은 생존학습은 하뇌에서, 정서는 중뇌에서, 고차적 사고는 상뇌에서 이루어진다고 밝혔다. 매우 간단하여 상당히 인기를 끈 이론이지만 현재 우리가 이해하고 있는 뇌는 보다 복잡하다.

현재의 뇌 모형은 홀로그래픽 모형에 가까우면서 보다 더 정확한 설명을 하고 있다. 뇌의 모든 구조가 어느 정도 서로 관련(물리적, 화학적, 전기적, 주변적)되어 있다고 주장하는 현재의 뇌 모형에서는 몸과 마음을 정보 교환을 위한 이차적 회로로 받아들인다. 펩티드(아미노산)를 통해 신체가 뇌의 다른 신경결합계인 시냅스(synapses) 만큼이나 정보 교환을 위해 중요하다는 것이 분명해졌다. 이 모형에 따르면, 뇌는 역동적이고 매일 변화한다.

요컨대, 오늘날에는 뇌의 어떤 부위가 무슨 일을 하는지 질문하는 경우가 줄어들었다. 현재 우리가 아는 바로는 뇌의 기능은 구체적인 상황, 당시의 정서 상태, 개인의 연령과 건강 및 과거 경험에 따라 달라진다. 뇌는 참으로 복잡하다.

두뇌가 영리한 소비자 되기: 좋은 연구 파악하기

임상적 연구

임상적 연구는 보통 여러 명의 실험자, 이중맹검 실험 설계(double-blind design), 연령 및 문화가 다양한 전집(全集)을 선호하는 대학에서 수행된다. 임상적 연구에서는 타당성을 보장하기 위해 엄격한 통제가 필요하다는 견해에 대해 철저하게 시험했다. 이 연구는 어빙에 있는 캘리포니아 대학교에서 행해졌다.

'모차르트 효과(Mozart Effect)'를 소개, 반증 혹은 논증하기 위해 수행된 연구를 예로 들 수 있는데 최초는 Rauscher, Shaw, Levine, Ky, Wright(1993)의 공동 연구다. 이후 30편의 다른 연구가 행해지면서 '음악과 지능' 논쟁을 끝내기도, 강화하기도 혹은 초월하기도 했다.

'맥락적' 연구

학교에서 행해진 실행연구(action research)는 실제적이고 실생활의 조건하에서 검증된 결과를 보여 준다. 예를 들면, Huttenlocher, Levine, Vevea(1998)의 연구로서 단일집단의 아동을 대상으로 학교의 언어적 투입과 아동들의 인지적 발달 간에 정적 상관관계가 있다는 것을 발견했다.

기초 신경과학: 발견 연구

기초 신경과학은 어려운 과학 분야다. 기초 신경과학을 탐구하기 위해서는 검시(부검), 실험, 기능성 자기공명영상(fMRI), 양전자 방사 단층 촬영(PET) 혹은 뇌전도(EEG)에 대한 이해가 필요하기 때문에 이 분야에 대한 관심이 있어야만 한다. 하나의 아이디어를 지지하는 여러 연구를 살펴볼 수 있다. Eriksson 등(1998)의 처음 연구에서는 인간의 뇌세포가 새롭게 성장한다는 것을 보여 주었다. 놀랍게도 그 이후의 연구들은 인간이 매일 행하는 행동도 새롭게 성장할 수 있다는 것을 보여 주었다.

뇌 이론(실제로 증명된 연구가 아니므로 조심해야 함)

뇌 이론들은 반복적인 행동을 아주 단순화시킬 수 있다는 것을 설명하는 학습과 뇌에 관한 모형들이다. 저명한 사람들이 세운 이론이 사실이 아닐 수도 있다. 삼위일체 뇌 이론이나 홀로그래픽 뇌 이론이 그에 속한다. 가끔 어떤 한 이론이 매우 매력적일 때도 있지만, 그것은 증명된 것이 아니라 널리 알려질 만한 하나의 아이디어일 뿐이다.

실천 혹은 이론: 모든 연구를 알고 싶어 하는 사람이 있는가

그렇다. 모든 연구를 훑어보는 것은 약간의 전문적 지식을 얻을 수 있으며, 특히 역행성 건망증을 일으키는, 측두엽의 앞쪽 중앙에 외상 후 생긴 손상을 이야기할 때 도움이 된다. 아, 그러면 모든 연구를 알아야만 되는가! 긴장하지 않아도 된다. 이러한 의학 용어들을 알아야 할 필요는 없다.

첫째, 교육자들이 유용하게 적용할 수 있는 뇌 연구는 소수에 불과하다. 대부분의 연구들이 꽤 상세하고 이론적이며 병리(질병)지향적이다. 뇌 연구는 보통 전통적인 학습에 관심을 두지 않는다. 그러나 보다 성공 가능성이 높은 교육적 아이디어나 방법을 제시해 줄 수 있다. 교실에서의 수많은 실행연구 혹은 응용연구는 여전히 필요하다. 연구가 유용하든 유용하지 않든 실험실 연구 개념을 진지하게 받아들여 그것을 실행연구로 옮기는 사려 깊은 교육자들로부터 상당히 많은 연구가 나오게 될 것이다.

둘째, 뇌기반 교육 패러다임을 구성하는 원리의 수가 한정되어 있다. 이러한 원리를 올바르게 적용하면 학습과 교육에 혁명이 일어날 것이다. 하지만 그렇게 적용하기 위해서는 뇌에 관해서 많이 알아야만 한다.

학습하는 것으로 실험하라. 일지를 쓰고, 반성을 하고, 정보를 함께 나누고, 서로 대화를 하고, 피드백을 주고받으며, 바꿔야 할 것은 바꿔라. 학생들의 삶을 크게 변화시키기 위해서 많은 학문적 연구(매우 흥미롭기는 하지만)가 필요하지는 않다. 미국은 세계의 어느 국가보다도 많은 교육적 연구를 하고 있지만 또한 그 이상으로 교육적 연구에 소홀하다. 우리가 교실에서 필요로 하는 것은 이론이 아니라 실행연구나 응용연구다. 지금 습득한 기본 지식이 있다면, 그것을 연구에 적용할 수 있도록 준비해야 한다.

여러분이 학습한 정도는 장차 여러분의 삶에서
지속적이면서도 경쟁력 있는 유일한 이점이 될 것이다.

—Peter Senge

뇌 연구가 실려 있는 좋은 문헌

American Journal of Occupational Therapy

Biological Psychiatry

Brain and Behavior

Brain in the News (Dana Press)

Brain Research

Cerebrum (Dana Press)

Developmental Psychology

Developmental Psychobiology

Early Childhood Research Quarterly

Early Education and Development

Exceptional Children

Journal of Abnormal Child Psychology

Journal of Applied Developmental Psychology

Journal of Behavioral Education

Journal of Cognitive Neuroscience

Journal of Early Intervention

Journal of Emotional and Behavioral Disorders

Journal of Neurobiology

Journal of Neuroscience

Journal of Pediatric Psychology

Journal of Special Education

Language, Speech and Hearing Services in Schools

Learning and the Brain

Neuroscience and Behavioral Physiology

Occupational Therapy Journal of Research

Proceedings of the National Academy of Sciences of the United States of America

Public Medical Library('PubMed') online searches

뇌 관련 웹사이트

www.sciencedaily.com/news/mind_brain.htm

www.dana.org/books/press

schoolstudio.engr.wisc.edu/brainbased.html

뇌와 관련된 재미있는 숫자

3	성인 뇌 무게(파운드, pound)
1,350	성인 뇌 무게(그램, gram)
17	향유고래 뇌 무게(파운드)
7,800	향유고래 뇌 무게(그램)
7	평균적으로 여성 뇌보다 남성 뇌가 더 큰 비율(%)
7	평균적으로 여성 신체보다 남성 신체가 더 큰 비율(%)
4	돌고래의 평균 뇌 무게(파운드)
1	고릴라의 평균 뇌 무게(파운드)
540	인간 대뇌피질을 펼쳤을 때의 평균 평방인치(square inche)
4	인간 뇌엽(lobes)의 수
100만	성인 뇌에 있는 신경섬유의 수
13~15	뇌량(corpus callosum)에 있는 수초가 다 자라는 데에 걸리는 평균 기간(년)
1	코와 편도 사이에서 이루어지는 신경세포 결합의 수
100	가장 빠른 신경전달의 속도(초당 미터)
2	인간 신체 무게에서 뇌 무게가 차지하는 평균 비율(%)
78	인간 뇌에서 물이 차지하는 무게의 평균 비율(%)
6	대뇌피질에 있는 층의 수
1조	추정되는 인간 뇌의 신경교(지주세포)의 수

2	신경세포 연접부에서 이루어지는 뇌와 신체의 추정 소통 비율(%)
1,000억	성인 뇌의 평균 뉴런(neurons)의 수
500억	확인된 화학적 전달자(신경전달물질)의 종류
10	인간 뇌에서 지방이 차지하는 무게의 평균 비율(%)
8	인간 뇌에서 단백질이 차지하는 무게의 평균 비율(%)
0.25	인간 신피질의 두께(인치)
1조	신생아 뇌에서 이루어지는 신경세포 결합의 수
50조	성인 뇌에서 이루어지는 신경세포 결합의 수

인간의 뇌 속에는 무엇이 있는가

우리의 뇌는 물, 단백질, 지방, 조직(tissue) 및 매우 복잡한 구조로 되어 있다. 과학자들은 뇌를 엽(lobe)이라 불리는 네 영역, 즉 전두엽, 두정엽, 측두엽, 후두엽으로 구분한다.

전두엽(frontal lobe)_ 판단, 창의성, 의사결정, 계획

'부모의 목소리' 혹은 '권위의 목소리' 다.

두정엽(parietal lobe)_ 고감각, 공간, 단기기억

그네 타는 곡예사의 능력을 가진 뇌의 서커스다.

측두엽(temporal lobe)_ 언어, 쓰기, 듣기, 감각 연결, 뚜렷한 기억

삶의 경험에서 가장 많이 요청되거나 필요로 하는 '쇼(shows)' 를 기록하는 뇌의 디지털 기록장치 혹은 티보(TiVo, 디지털 비디오 녹화기)다.

후두엽(occipital lobe)_ 시각 정보의 수용 및 처리

본 것을 기록하는 뇌의 비디오카메라다.

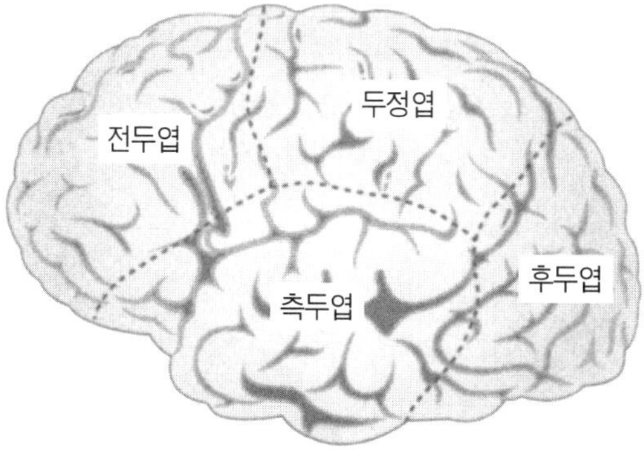

후두엽은 뇌의 중간 뒤쪽에 위치하고 있으며 주로 시각을 담당한다. 전두엽은 이마 부분에 위치하고 있으며 판단, 창의성, 문제 해결 및 계획과 같은 의도와 목적을 가진 행위와 관련이 있다. 두정엽은 뇌의 위쪽 뒤에 위치하고 있으며 감각 처리, 운동 및 공간 기능을 담당한다. 측두엽(좌우 부분)은 양쪽 귀 주변과 위쪽에 위치하고 있으며 주로 듣기, 기억, 의미, 언어를 책임진다. 네 가지 엽의 기능은 다소 중첩되는 부분이 있다.

뇌 조직도

앞의 페이지를 보지 말고 아래에 네 가지 뇌엽을 그려 보라(학습 강화에 도움이 된다).

분할된 뇌

좌-우 반구

인간 뇌의 좌반구

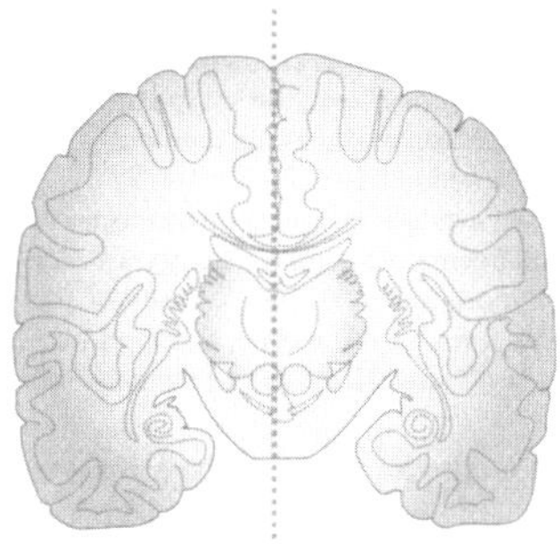

- 순서대로 학습한다.
- 일을 부분적으로 나누어 한다.
- 언어적인 활동에서 큰 역할을 한다.
- 일상생활에 대한 '해설자'로서 행동한다.
- '접근' 행동을 보인다.

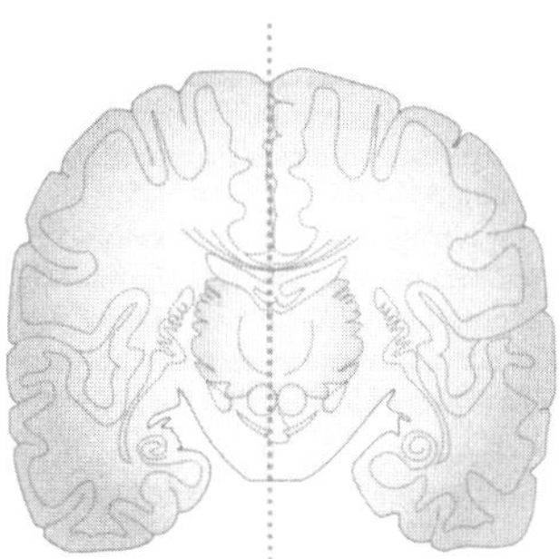

인간 뇌의 우반구

- 순서 없이 닥치는 대로 학습한다.
- 일을 전체적(종합적)으로 한다.
- 도식적, 공간적, 색상적인 활동에서 큰 역할을 한다.
- '회피' 행동을 보인다.

2개의 반구

뇌의 좌반구와 우반구는 신피질이라 불리는 얇게 주름진 피부(1/4인치 두께의 주름진 피부와 같은 얇은 조직)로 덮여 있다.

연결된 뇌

뇌량은 뇌의 좌반구와 우반구를 연결해 주는 한 묶음의 신경조직(약 2억 5,000개의 신경)으로서 연결과 기능을 위한, 골든게이트교(Golden Gate Bridge) 혹은 브루클린교(Brooklyn Bridge)와 같은 역할을 한다. 뇌량 치료를 받은 환자들은 사회생활을 하는 데에는 문제가 없지만 언어와 사고, 글자와 그림을 연결하거나 당연한 일로 생각하는 일반적인 결합에 어려움을 느낀다.

평균적으로 성인의 뇌량은 2,000만 개의 신경섬유를 더 갖고 있는 여자가 남자보다 두껍다. 이는 각 반구가 보다 자유롭게 정보를 교환하도록 해 준다. 뇌의 각 부분이 일을 처리하는 것이 다르긴 하지만, 좌우 뇌 분할에 관한 초기 가정 중에 일부는 맞지가 않다. 좌우의 뇌가 하는 일은 다음과 같다.

- 뇌의 좌반구는 정보를 보다 순서적(계열적)으로 처리한다.
- 음악가들은 보통 좌반구를 많이 이용한다.
- 음악 초보자들은 우반구를 주로 이용하는 듯하다.
- 왼손잡이들의 거의 반은 언어 활동을 하는 데 우반구를 사용한다.
- 고도의 수학자, 문제 해결사, 장기와 바둑 기사들은 활동을 하는 동안 우반구의 기능이 더욱 활성화된다.
- 수학, 문제 해결, 장기와 바둑의 초보자들은 활동을 할 때 보통 좌반구의 기능이 보다 활성화된다.

- 전신운동의 기능은 우반구가 조정한다.
- 미세운동을 할 때 보통 좌반구의 활동이 더 많다.
- 우반구는 부정적 정서를 느끼게 한다.
- 좌반구는 긍정적 정서를 갖고 있을 때 더 활동적이다.

우리가 사용하는 반구는 시간의 경과에 따라 변화한다. 예를 들어, 유아들의 경우 언어를 처음 배울 때는 우반구에서 처리한다. 3, 4세가 되면 언어를 처리하는 곳이 우반구에서 좌반구로 바뀐다. 여자들이 남자들보다 더 일찍 좌반구를 발달시키기 때문에 언어와 읽기 기능에 확실한 이점을 가진다. 5세에는 남자들이 여자들보다 우반구의 발달이 더 우수하지만, 8~9세가 되면 우반구의 남녀 발달이 비슷해진다. 남자들은 50세 이후에 우반구를 보다 많이 사용하는 경향이 있다.

오래된 선입견 중의 하나가 음악과 미술을 잘하려면 우뇌가 우수해야 한다는 것인데, 이는 분명 시대에 뒤진 생각이다. 사실 좌뇌와 우뇌 사용에 대한 선호도(preference)가 있지만, 그것이 오로지 좌뇌 혹은 우뇌만을 사용한다는 것과는 다른 의미다. 좀 더 세심하고 순서적인 사람이 있는 반면에, 좀 더 전체적이고 변칙적인 사람이 있다. 그래서 사람마다 좌뇌 혹은 우뇌에 대한 상대적 선호도가 있다고 말할 수는 있지만, 좌뇌 혹은 우뇌만을 절대적으로 사용하는 독점성을 갖고 있다고 말할 수는 없는 것이다.

뇌의 지리학

중뇌(middle[medial] brain)는 전두엽 뒤쪽과 후두엽 앞쪽에 자리 잡고 있다. 중뇌란 말은 그 지리적(geographical) 위치를 표현한 것이다. 보통 사용되는 대뇌 변연계(limbic brain)란 말은 뇌의 중간 지역에 위치하고 있다는 것을 가리키기도 하지만, 뇌의 기능적(functional) 위치를 나타내기도 한다.

변연계는 여러 임무 중에서도 특히 정서를 처리하는 뇌의 부위를 가리킨다. 뇌의 중간 영역의 대부분은 정서 처리에 관여하지 않고 뇌와 신체에서 복합적인 다양한 처리를 담당하고 있다. 뇌의 중앙에 자리 잡고 있는 몇 가지 주요 구조에 대해 살펴보면 다음과 같다.

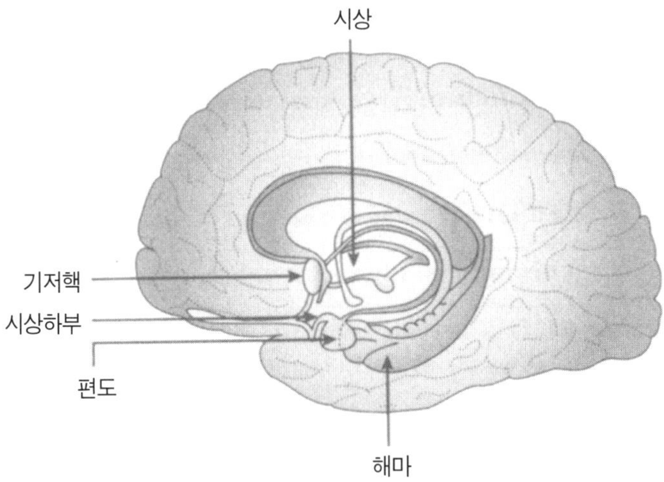

시상

시상(thalamus)은 대부분의 감각 정보를 분류하는 정거장으로서 도메인 이름을 담당하는 웹 서버와 같이 조그맣다. 시상은 정보를 양방향으로 발송하는 역할을 하는데, 후각 정보를 제외한 모든 새로운 감각 정보는 먼저 시상에 모였다가 뇌의 다른 영역으로 간다.

시상하부

시상하부(hypothalamus)는 시상 아래에 위치하고 있으며, 신체 기능을 조절하는 뇌의 자동조절장치다. 환경신호로부터 피드백(feedback)과 피드포워드(feedforward)를 담당한다. 즉, 환경신호로부터 학습하며 동시에 다음에 생길 일을 예측한다. 시상하부는 안정성을 유지하기 위해 미리 정해진 방식으로 측정된 변화에 반응하는 조직이다.

기저핵

기저핵(basil ganglia)은 운동 기능을 원활하도록 하는 책임을 맡고 있는 중요한 영역이다. 이 영역이 충분하고 정확한 정보를 얻지 못하면 행동과 표현이 어색해진다.

편도

편도(amygdala)는 뇌의 중앙 아래에 위치하고 있으며 아몬드 모양이다. 매우 생존 지향적이며 의심, 두려움, 불편함을 비롯한 강렬한 정서를 처리하는 편도는 뇌를 위한 연기 탐지기(smoke detector)와 같은 역할을 담당한다. 불확실성과 위험을 느낄 때 가장 활성화되는데, 매우 빠르게 활성화될 수도 있고 때때로 전등 스위치와 같이 매우 빠르게 진정될 수도 있다. 연기 탐지기가 허위 경고를 하는 것처럼 편도는 해가 될 가능성이 있는 위협을 무시하기보다는 너무나 자주 위협을 알리고, 따라서 잘못된 정보를 주기도 한다. 결과적으로 숲이 우거진 산 속에서 악당이 아닌 토끼의 움직임에 살랑거리는 소리에도 깜짝 놀랄 수 있다.

해마

해마(hippocampus)는 뇌의 중앙 위쪽에서 아래쪽으로 구부러져 있는 초승달 모양의 구조로 장기기억(long-term memory)을 뚜렷하게 형성하는 책임을 맡고 있다. 여러 가지 방법으로 너무 많은 정보가 장기기억 저장고로 흘러 들어가는 것을 막는 방파제 역할을 한다. 일단 새로운 학습이 작업기억(working memory)을 거치면 장기 저장고로 가기 전에 해마에 잠시 저장된다.

뇌간

뇌간(brain stem)은 안면감각과 움직임을 조절하는 뇌교(腦橋, pons)와 심장박동, 숨쉬기, 음식 소화와 같은 많은 무의식적 작동을 조절하고 중계하는 연수(延髓, medulla)를 포함하고 있다.

소뇌

소뇌(cerebellum; 그리스어로 '작은 뇌' 라는 뜻)는 뇌간 옆, 후두엽 아래에 위치하고 있다. 자세, 조정, 균형, 운동기억 및 셈하기와 배열하기, 기타 인지 활동에 관여한다. 소뇌는 평형과 균형을 유지할 수 있도록 회전운동을 하는 작은 조직이다.

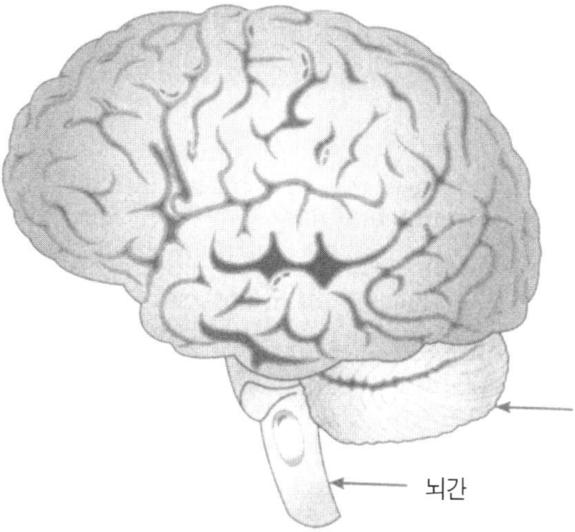

동작과 관련 있는 것으로 가장 널리 알려진 영역인 소뇌는 사실상 인지 활동의 배전반(switchboard)이다. 뇌에서 차지하는 크기는 1/10에 지나지 않는데, 뇌에 있는 전체 신경세포의 거의 반을 포함한다. 소뇌는 4,000만 개의 신경섬유를 갖고 있는데, 이는 매우 복잡한 시신경계의 신경섬유보다 40배나 더 많은 것이다. 소뇌의 신경섬유들은 피질에서 소뇌로 정보를 주기도 하고 피질로 정보를 되돌려 주기도 한다. 만약 소뇌가 단지 운동 기능만을 한다고 생각한다면, 뇌의 모든 영역에 양방향으로 강력하고 고르게 결합되는 것을 설명할 수 없을 것이다. 자세, 균형, 순서와 배열, 리듬, 움직임과 관련한 역할을 하고 있다고 오랫동안 알려져 온 소뇌는 인간 뇌의 잠자고 있는 거인(sleeping giant)일지도 모른다.

뇌세포에 관한 놀라운 사실

인간은 대략 1조 개의 뇌세포를 갖고 있다! 뇌세포는 두 종류가 있는데, 하나는 신경세포(neurons)이고 다른 하나는 신경교(지주세포)다. 뇌세포의 대부분(85~90%)이 신경교이고, 나머지 10~15%가 신경세포다. 엄청난 양의 뇌의 정보 이동은 세포에서 세포로 이어진다. 자극을 받으면 뇌세포들은 나뭇가지처럼 뻗게 되는데, 이것을 수상돌기(dendrite)라고 한다. 각 세포는 축색돌기(axon)라 불리는 쭉 뻗은 하나의 다리를 갖고 있다. 축색돌기는 1미터까지 자랄 수 있다. 이들은 다시 여러 번 나누어진다. 일단 축색돌기가 수상돌기와 결합하면, 그 수상돌기는 다른 수상돌기와 결합하지 않는다.

신경세포는 대체로 다른 신경세포들과 1,000번 내지 5만 번 결합을 한다. 인간은 필요 이상으로 많은 결합을 갖고 태어나지만, 12세까지 대략 결합의 반을 잃는다. 특이한 뇌는 1조 번 이상 결합을 하기도 한다.

인간의 뇌 안에서 이루어지는 작용에 관한 열 가지 사실을 제시하면 다음과 같다.

1. 캘리포니아 주 샌디에이고에 있는 소크 생물학연구소의 Fred Gage가 팀장인 최근 연구에 따르면, 뇌세포 혹은 신경세포는 새로 자랄 수 있고 실제로 자란다(Eriksson et al., 1998).

2 신경세포는 잠자지 않는다. 정상적으로 기능하는 신경세포는 계속해서 정보를 발화하고 통합하며 생성한다. 신경세포는 활동의 가상 온상으로서 환경적 자극이 변화함에 따라 발화의 강도와 양상도 달라진다.

3 신경세포는 정보의 도착점 혹은 종착점이 결코 아니다. 신경세포는 단지 정보가 통과하도록 도와줄 뿐이다. 뇌에서의 모든 전기적 활동은 전기를 받아들이는 수상돌기에서 신경세포의 몸(세포체)으로 이동한 뒤에 축색돌기로 흘러간다.

4 하나의 신경세포는 수상돌기를 통해서 다른 세포들과 무수히 많이 결합을 할 수 있다. 이것은 좋은 징조다. 왜냐하면 세포들이 많이 결합하면 할수록 더욱더 뇌 기능이 좋아지기 때문이다. 신경세포의 유전자, 충실함, 구체적인 위치에 따라 하나의 신경세포가 다른 세포들과 맺는 결합의 양이 달라진다. 소뇌에 있는 세포들이 가장 큰 수상돌기를 갖고 있다.

5 어느 순간에 모든 수상돌기에서 세포체로 도달하는 연접 반응(synaptic reactions)의 총계가 신경세포의 발화 여부를 사실상 결정짓게 될 것이다. 신경세포가 발화하기 위해서는 '절대 다수의 선택(majority vote)'이 필요하다. 다시 말해서, 학습은 개별적인 신경세포가 아닌 한 무리의 신경세포들의 기능으로 성취할 수 있다.

6 대부분의 성인 신경세포체는 그대로 있고, 단지 축색돌기 쪽으로 뻗기만 한다. 많은 섬유들(수상돌기)이 하나의 신경세포에서 뻗어 나지만, 각 신경세포는 하나의 축색돌기만 갖고 있다. 하나의 축색돌기는 수상돌기들을 연결하는 가는 다리 모양으로 뻗어 난다.

7 축색돌기는 본질적으로 두 가지 기능이 있다. 하나는 정보를 전기적 형태로 처리하는 것이고, 다른 하나는 화학적 물질을 수송하는 것이다. 가장 긴 축색돌기는 1미터(척수)에 이른다. 축색돌기가 가늘수록 더 빨리 정보를 전기적 형태로 처리한다.

8 미엘린(myelin; 신경세포의 수초를 이루는 물질)은 길들여진 축색돌기 주변에 형성되어 있는 지방질이다. 아주 적응된 신경세포들은 주변에 미엘린이 많다. 미엘린은 전기적 전달의 속도를 빠르게 해 줄 뿐만 아니라(12배까지) 다른 주변 반응으로부터의 간섭과 방해도 감소시킨다.

9 시냅스(synapse)는 두 신경세포들 간의 접촉점으로서 축색돌기 아래로 이동하는 전기적 충격이 축색돌기 끝에 저장되어 있는 화학적 전달자(신경전달물질)의 방출을 일으키는 아주 작은 틈이다. 수상돌기와 결합되어 있는 세포 내 수용 영역(receptor sites)이 화학적 전달자를 흡수한다.

10 시냅스는 신체 의사소통의 2%를 담당한다. 나머지 의사소통은 세포 내 수용 영역에 잠겨 있다가 흡수를 통해 자료를 전달하는 펩티드(peptides), 즉 유동의 정보 다발에서 이루어진다.

학습은 어떻게 이루어지는가

과학자들은 인간이 어떻게 학습하는지 그 방법을 정확하게 알지는 못하지만, 학습이 이루어지는 과정에 대해서는 조금 알고 있다. 그러나 명시적 학습(이름, 사실, 그림, 교재 등)의 경우에는 그 과정을 열거하기가 좀 어렵다. 왜냐하면 명시적 학습과정은 100% 순서적이지 않기 때문이다. 많은 과정이 어떤 것은 미시적 수준으로 또 어떤 것은 거시적 수준으로 나란히 일어난다.

뇌에 대한 자극이 과정의 출발이다

조각그림 맞추기(Jigsaw puzzle)를 해결하는 것처럼 뇌에 대한 자극은 내부에서 일어나거나(뇌폭풍!) 새로운 경험일 수 있다. 새로운 지적 혹은 운동적 자극은 우리의 촉각, 후각, 청각, 시각 영역에 자리 잡고 있는 입력 신경세포(input neurons)를 활성화시킨다. 이러한 입력 신경세포가 자극을 받으면 시상에 신호를 보낸다.

시상은 신호를 다스린다

시상은 신호를 보다 잘 처리하기 위해서 뇌의 여러 영역에 신호를 보낸다. 시각적 정보는 후두엽으로, 동시에 정보의 표상은 잠시 작업기억(시각적 처리를 위한 전두엽과 청각적 처리를 위한 두정엽/측두엽에 위치한)으로 보내질 수도 있다. 또한 정보는 편도를 통해 보내진다.

편도는 안쪽 궤도에 자리 잡고 있어 신호를 빨리 간파한다

생존 보장을 위한 편도는 어떤 '생존 문제'가 있는지의 여부를 결정하기 위해 모든 정보를 가장 먼저 접한다. 여러분에게 던져진 물건, 사이렌 소리, 미끄러운 길, 장전된 총, 아이의 울음소리 등은 다른 자세한 정보를 얻기 전에 즉각 처리될 것이다. 만약 필요하다면, 편도는 경고 반응을 일으키는 시상하부의 신호를 활성화시킬 것이다. 만약 그렇지 않다면, 편도는 굳이 활동하지 않고 가만히 있을 것이다.

신호의 활성화는 신경세포의 중간층을 작동시킨다

일단 활동이 '입력' 신경세포들을 지나 나아가게 되면, 처리를 위해 많은 다른 신경세포의 층을 거치게 될 것이다. 시각 계통만 보아도 15개 이상의 층(예: 움직임, 색상, 대조)이 있다. 일단 이러한 영역들이 새로운 입력 정보를 처리하면, 가공하지 않은 초안이라 불리는 원자료들을 창조하게 된다.

가공하지 않은 초안은 완전하지 않다

만약 새로운 학습에 계속 관심을 갖고 있다면, 작업기억으로부터 가공하지 않은 초안이 나온다. 새로운 학습의 일시적 표상은 대체로 대략적인 개요일 뿐이다. 그것은 정확하거나 확실하거나 완전한 것이 아닐 수 있다. 이러한 가공하지 않은 초안은 해마에 저장된다.

해마는 '임시 창고'다

해마는 좌우 측두엽에 위치하고 있다. 해마는 조그만 C자 모양의 구조로서, 빨리 학습하지만 기억의 용량은 작아서 많은 정보를 저장할 수 없다. 해마는 일시적 표상 혹은 가공하지 않은 초안을 거두어 들이거나 아니면 보다 의미 있게 혹은 어떻게든 저장할 가치가 있도록 만들 때까지 잠시 붙들고 있다. 일부 새로운 학습이 며칠간 해마에 머무를 수도 있다. 그러나 결과적으로 해마는 정보 다발을 피질에 보낸다.

피질은 많은 기억을 저장한다

우리는 많은 유형의 기억을 저장한다. 많은 명시적 기억(그림, 이름, 사실 등)이 뇌엽을 덮고 있는 1/4인치의 층에 저장된다. 이러한 뇌엽은 본래 처리된 동일한 유형의 정보를 저장한다. 시각피질은 기억 중에서 시각적 요소를 처리하고 저장한다.

기억 잠재력을 형성한다

학습은 유전과 생활 경험 모두에 의해서 조절된다. 일단 세포신호가 활성화되면, CREB(cAMP reactive elemental binding, 사이클릭 아데노신 1인산 반응원소 결합)로 알려진 스위치가 단기기억 혹은 장기기억을 활성화시키기 위해서 신경세포에 신호를 보낸다. 유전자는 장기기억을 위해 단백질 형성을 촉진하는 책임을 맡고 있다. 만약 약한 자극이 잠시 뒤 주변 세포에 주어지면, 그 세포의 흥분 능력이 강화된다. 달리 말하면, 세포들은 이전의 자극에 기초하여 메시지에 대한 수용성을 변화시킨다. 이러한 지속적 학습 혹은 장기 효력(long-term potentiation: LTP)은 대부분의 과학자들이 학습을 저장하는 물리적 과정의 가설로 채택하고 있다.

복습해 보자

미시적 수준에서 보면, 신경세포들이 시냅스에서 결합할 때 전기적 결합에서 화학적 결합을 하고, 다시 화학적 결합에서 전기적 결합을 한다. 이러한 연접부(시냅스)는 더욱 견고해지며(응착), 2개의 신경세포는 훨씬 더 적은 신호로도 서로에게 의사를 전달할 수 있다. 거시적 수준에서 보면, 입력 신경세포들은 시상, 작업기억, 해마의 순서대로 신호를 보내며, 신호를 장기 저장하기 위해 피질로 보내기도 한다.

오늘날 아이들의 뇌는 다른가

보관된 뇌 혹은 실제의 뇌주사 사진(30년 전에는 이용할 수 없는) 수백 개를 비교하지 않는다면, 오늘날 아이들의 뇌가 이전과 다른지 확실히 알 수 없다. 그러나 오늘날의 아이들은 다른 뇌를 갖고 있다는 것이 증명되고 있다. 오늘날 아이들의 뇌가 과거 아이들의 뇌와 왜 다른가? 그 이유는 다음과 같은 두 가지 간단한 사실 때문이다. 첫째로 뇌는 경험의 결과에 따라 변하기 때문이고, 둘째로 오늘날의 아이들은 2세대 전의 아이들과 비교하여 다른 경험을 하기 때문이다.

일상 음식물의 변화

오늘날 아이들은 지방과 당분이 많고 단백질이 적은 탄수화물 음식을 섭취한다. 음식물은 뇌의 기능에 영향을 미칠 수 있지만, 뇌의 구조에는 보통 영향을 미치지 않는다(알코올을 많이 섭취하면 뇌 기능의 감퇴를 초래한다). 일부 연구에서는 빈약한 음식물 섭취가 아동에게 영향을 미친다고 언급하면서 장기적으로 유전자 단백질을 합성하는 세포의 능력에도 영향을 미칠 수 있다고 지적했다(Fox, Pac, Devaney, & Jankowski, 2004; Kilberg, Pan, Chen, & Leung-Pineda, 2005; Mahoney, Lord, & Carryl, 2005; Pollitt, Gorman, Engle, Rivera, & Martorelli, 1995).

약물 사용

보다 많은 아이들이 마음과 몸 상태를 바꾸기 위해서 노력하고 있다. 전통적인 약물(헤로인, 코카인, 알코올, 마리화나) 사용은 다소 줄었지만, 다른 문제가 발생하고 있다. 1992~2002년에 12~17세 아이들의 오피오이드(opioid; 아편과 같은 작용을 하는 합성 진통·마취제로 사용하려면 의사의 처방전이 필요하다) 남용은 542%나 증가했다. 이는 성인의 증가율보다 4배나 많은 수치다. 2003년에는 12~17세 아이들 중에서 230만 명(약 10명 중 1명)이 적어도 한 가지 금지 약물을 남용했다. 남용 약물 중 83%는 오피오이드였다. 오늘날의 아이들은 그들 부모 혹은 또래 친구들로부터 의사 처방전이 필요한 많은 약물(알레르기, 주의력결핍 과잉행동장애, 기타 만성병을 치료하기 위해)을 구하여 사용하고 있으며, 30년 전과 비교하여 의사의 처방 없이 살 수 있는 약물(옥시콘틴, 비코딘, 발륨 등)을 훨씬 더 많이 사용하고 있다. 금지 약물을 남용하는 십대들은 그러한 약물을 남용하지 않는 십대들과 비교하여 알코올을 사용할 가능성이 2배, 마리화나를 사용할 가능성이 5배, 헤로인을 사용할 가능성이 12배, 엑스터시를 사용할 가능성이 15배, 코카인을 사용할 가능성이 21배나 높다(National Center on Addiction and Substance Abuse at Columbia University, 2005).

걷기와 신체 활동의 감소

우리는 예전보다 자동차를 많이 이용하고 있다. 아이들은 자동차 안에서 탐색적 놀이를 할 기회가 거의 없는 유아용 자동차 의자에 앉아 '버킷 베이비(bucket babies)' 가 되어 가고 있다. 저조한 운동 발달은 (a) 자동차 안에서, 텔레비전을 시청하면서, 컴퓨터 앞에서 보내는 비활동적인 시간량의 증가, (b) 그네, 시소, 회전목마의 소멸, (c) 학교 체육교육 프로그램의 감소, (d) 걷기와 자전거 타기에 대한 강조의 결여 등에 영향을 받고 있다. 우리가 과거에 비해 자동차 안에서 보내는 시간이 더 많은 것이 현실이지만, 그러한 상황에서도 보다 많이 탐색하는 사람일수록 지적으로 우수하다는 것이 밝혀지고 있다(Carter, 1999; Hu & Young, 1999; Raine, Reynolds, Venables, & Mednick, 2002; U.S. Department of Transportation, Bureau of Transportation Statistics, 2006).

사회적 · 경제적 자원 결핍

많은 아이들이 각종 자원의 혜택을 충분히 누리지 못한 채 자라고 있다. 1960년에는 미혼모의 90% 이상이 훌륭한 가정에 아기를 입양 보내기 위해 양육권을 포기했다. 그러나 오늘날의 미혼모 90% 이상은 재정적 · 보건적 · 정서적 자원의 결핍에도 아기를 직접 키우고 있다. 이것은 심각한 영향을 초래할 수 있는 중요한 태도의 변화다(Fields & Casper, 2001; U.S. Census Bureau, 1998).

학교 예산 삭감

오늘날 공립학교에서는 음악반, 연극반, 미술반 운영이 줄어들고 있다. 자원이 부족해짐에 따라 예술이 사치스러운 장식 활동으로 여겨지고 있다. 우선 많은 의사결정자들이 지원 사업에 대해 협의할 때 예술은 중요한 것이 아니라고 잘못 생각하고 있다. 예술교육과 체육교육의 부재는 뇌를 변화시킬 수 있다(Fiske, 1999).

가족과의 접촉 시간 감소

오늘날 아이들은 보모들에게 길러지는 경우가 더욱 많아지는 추세다. 2세대 전의 아이들은 10% 정도가 보육시설에서 시간을 보냈지만, 오늘날의 아이들은 60% 이상이 중요한 시간을 보육시설에서 보내고 있다. 이러한 정서적 안정의 결여와 애착 형성의 결핍은 뇌를 변화시킬 수 있다. 또한 일상적인 스트레스 유발 인자에 민감하게 반응하도록 할 수 있다(Ramey & Ramey, 2000; Schore, 2000).

늘어나는 디지털 폭력 세상

오늘날은 스트레스를 유발하고 위협적이며 폭력적인 비디오 게임과 텔레비전에 많이 노출되고 있다. 많은 아이들이 과거보다 더 과도한 텔레비전 폭력물과 가정 · 학교 · 사회의 폭력에 큰 영향을 받고 있다. 실생활의 폭력은 간접흡연이나 지구 온난화 현상보다 디지털 폭력과 상관이 더 높다는 것이 널리 인정되고 있다(Anderson & Bushman, 2001; Joy, Kimball, & Zabrack, 1986).

미디어 사용 시간의 증가

아이들은 매일 평균 3~5시간(주당 20~30시간) 동안 미디어를 시청하고 있다. 과도한 텔레비전 시청은 수동성과 반사회적 행동을 초래하며, 사고할 수 있는 기회를 감소시킨다. 너무나 많은 아이들이 세상을 간접적으로 학습하고 있는 것이다. 어떤 사람들은 TV가 아이들의 발달단계에 미치는 영향에 대해서 관심을 두고 있다. 또 어떤 사람들은 오늘날 아이들의 주의 집중 시간이 짧은 것은 빠르게 움직이는 미디어에 지나치게 집중하기 때문이라고 믿고 있다(Christakis,

Zimmerman, DiGiuseppe, & McCarty, 2004; Johnson, Cohen, Smailes, Kasen, & Brook, 2002; Murray, 1994; Rideout & Vandewater, 2003; Strasburger & Donnerstein, 2000).

남녀 뇌의 차이점

다음은 신경과학자들이 일반적으로 부르는 평균적인 '여자' 혹은 '남자'의 뇌에 대해 개괄한 것이다(Cahill, Uncapher, Kilpatrick, Alkire, & Turner, 2004; Coffey et al., 1998; Collins & Kimura, 1997; Davatzikos & Resnick, 1998; Delgado & Prieto, 1996; Harasty, Double, Halliday, Kril, & McRitchie, 1997; Killgore, Oki, & Yurgelun-Todd, 2001; Pomerantz, Altermatt, & Saxon, 2002; Schlaepfer et al., 1995; Witelson, Glezer, & Kigar, 1995). 여기서 남자 뇌 혹은 여자 뇌라고 하는 것은 통계적인 평균치에 기초한 것이며, 실생활에서는 호르몬 수준, 행동 및 뇌 구조에 큰 차이가 있을 수 있음을 기억해야 한다. 이러한 두 종모양(bell-shaped)의 통계적 도표에는 중첩되는 부분이 일부 있지만, 상당한 차이가 있다.

여자의 뇌

- 좌반구가 우반구보다 더 일찍 발달한다.
- 남자보다 더 큰 뇌량(섬유가 3~10% 더 많다)을 갖고 있다.
- 프로게스테론(progesterone, 황체 호르몬)과 에스트로겐(estrogen, 난소 호르몬)의 두 호르몬 수준이 매달 변동하며, 이는 공간, 수학, 언어 및 미세운동 검사에서 점수 변동의 원인이 된다(보다 낮은 호르몬 수준은 공간 및 수학 검사에서의 점수를, 그리고 보다 높은 호르몬 수준은 언어 및 미세운동 검사에서의 점수를 향상시키는 결과를 가져온다).

- 20~30% 더 많은 세로토닌(serotonin; 혈액, 뇌 속에 있는 혈관 수축 물질)을 갖고 있으며, 이것은 두려움, 수줍음, 낮은 자신감 및 매우 약한 공격성과 상관이 있다.
- 뇌의 보다 넓은 영역에 걸쳐 사고 기능이 미치고 있으며, 이것은 학습장애의 가능성을 줄인다.
- 한꺼번에 여러 가지를 처리하는 데 능숙하다.
- 달래는 말과 노래에 더 잘 반응한다.
- 종종 매우 약한 공격성과 보다 은밀한 부정적 행동을 표출한다.
- 성형한 얼굴과 성형하지 않은 얼굴을 보다 쉽게 구별할 수 있다.
- 실익보다는 관계에 토대를 둔 친구들과의 생존 동맹을 추구한다.
- 언어와 미세운동 기능에 도움이 되는 에스트로겐의 기준선이 높다.
- 말의 내용에 담긴 정서를 보다 쉽게 간파할 수 있다.
- 좌반구와 우반구 사이의 교류가 더 많다.

남자의 뇌

- 여자보다 우반구가 더 일찍 발달한다. 이것은 교실 훈육의 문제를 가져오며, 스포츠를 좋아하게 만든다.
- 보다 높은 수준의 테스토스테론(testosterone; 남성 호르몬의 일종)을 유지하며, 이는 추상적 조작, 공간, 과학, 수학, 스포츠의 기능에 도움이 된다.
- 여자보다 기능 영역이 좁지만 보다 구분되어 있다.
- 20~30% 더 적은 세로토닌을 갖고 있으며, 이것은 충동적 공격성, 자살, 알코올 중독, 폭발적 분노와 연관된다.
- 말하기와 읽기 학습이 여자보다 느리다.
- 우반구보다 좌반구가 늦게 발달한다.

- 뇌에서 보다 많은 모듈학습이 이루어지고 더 특수하며, 이것은 학습장애의 가능성을 높인다.
- 정서적 사건을 순차적 부분이 아닌 전체로 처리한다.
- 다른 사람들과의 의사소통에 관심이 적고, 일과 과정에 보다 많은 관심을 기울인다.
- 두려움과 수줍음이 적으며, 높은 자신감을 보인다.
- 전두엽이 다른 뇌엽보다 늦게 발달한다.
- 행동은 보다 고집이 있고 융통성이 적지만, 새로운 습관을 잘 유지한다.

학습장애아의 뇌는 다르다

학습 조건이 종종 '장애'라고 하는 하나의 큰 수프 볼(soup bowl)에서 일괄적으로 다루어지긴 하지만, 각 학생은 주의 깊게 그리고 독립적으로 진단되어야 한다. 일반인과 다르다고 해서 모두 같은 장애를 가진 것은 아니다. 보다 효과적인 반응과 처치를 위해서는 정확한 진단이 절차상 선행되어야 할 것이다. 학습장애를 가진 사람들의 예를 몇 가지 살펴보면 다음과 같다.

읽기 곤란

읽기 곤란(reading problems 혹은 reading difficulties)은 뇌가 읽을 준비가 되어 있지 않아서, 즉 발달하지 않은 탓으로 발생한다. 남아는 여아보다 읽기 기능과 관련이 있는 좌반구가 늦게 발달하기 때문에 읽는 데 좀 더 시간이 필요하다. 읽기 곤란은 시각적 문제(부족한 지각의 예민함, 부족한 거리 감각)로 인해 발생할 수도 있고 음운 처리의 미숙함에서 비롯될 수도 있다(읽기 곤란을 겪는 아이들은 언어에서 음성상의 최소 단위인 음운을 구별할 수 없다. 예를 들어, cat은 cuh−aah−tih라는 것을 모른다). 게다가 읽기 곤란을 겪는 아이들은 어휘력, 읽기 이해력, 언어의 유창성이 떨어지는 문제를 지니고 있을 수 있다. 적절한 진단과 헌신적인 중재 활동만이 이러한 학생들을 도와줄 수 있다.

학습 지체

학생들이 정해진 발달단계에 따라 나아가지 못하는 원인 중의 하나는 치명적인 알코올 남용 때문이다. 그러나 학습 지체(learning delays)는 출생 전(태아기)의 스트레스, 독소 노출, 뇌 손상, 방치의 결과일 수도 있다. 일반적으로 학습 지체 학생들은 언어 손상을 갖고 있고, 인과관계를 잘 파악하지 못하며, 기억력이 약하다. 그들의 뇌가 갖고 있는 주요 결함은 신경세포들이 연결되어야 할 때 잘 연결되지 않는다는 점이다. 그들의 학습을 위해서는 보다 많은 의미를 갖도록 하고, 보다 많은 시행착오와 반복이 필요하다. 또한 누구보다도 보충학습이 필요하다.

주의력결핍 과잉행동장애

주의력결핍 과잉행동장애(attention-deficit/hyperactivity disorder: ADHD)는 유전적 성질, 두뇌 외상, 손상된 신경회로, 신경전달물질(세로토닌, 도파민)의 불규칙성이 원인이 되어 나타날 수 있는 여러 행동을 표현하는 용어로 잘 알려져 있다. ADHD의 증상을 보면 뇌 기능이 둔화되어 있고, 충동적이며, 단기기억을 잘하지 못하고, 잠시도 가만히 있지 못하며, 미래를 계획하거나 과거를 회상하는 능력이 약하다. 약물 중재는 최후의 처치 수단이고 음식물 섭취의 변화, 신체 활동의 증가, 교사의 교체 혹은 교사의 도움, 기타 특별한 성공 전략과 같은 중재가 선행되어야 한다.

아스퍼거 증후군

아스퍼거 증후군(Asperger's)은 자폐 증세 중에서도 기능적 질환이

심할 때 나타난다. 중도 자폐증은 1만 명 중에서 1명꼴로 발병하는 희귀한 것이지만, 아스퍼거 증후군은 160명 중에서 1명꼴로 종종 발병한다. 아스퍼거 증후군의 가장 두드러진 특징은 사회적 기능이 부족하고, 행동을 반복해서 하며, 계획이나 절차를 바꾸는 데에 어려움을 보이고, 감각적인 결함을 지닌다는 점이다. 아스퍼거 증후군을 겪고 있는 학생들은 평균 혹은 평균 이상의 IQ를 나타내기도 한다. 이러한 학생들은 성공적으로 조정을 한다면 아주 잘 기능할 수 있다.

두개골의 수프 볼: 뇌의 화학적 이해

신경전달물질

신경전달물질은 가장 잘 알려진 인간 뇌의 생화학적 전달자다. 우리는 약 50종류의 신경전달물질을 갖고 있는데, 이는 신경 활동을 촉진하거나 방해하는 조절자다.

아세틸콜린

아세틸콜린(acetylcholine)은 많이 알려진 신경전달물질의 하나로, 특히 장기기억 형성에 관여한다. 아세틸콜린은 신경근육의 결합을 해제하고, 수면 중에 보다 활성화되며, 기억을 형성하는 데에 필요하다.

도파민

도파민(dopamine)은 주로 긍정적 기분이나 감정을 야기하는 데에 관여하는 강력하면서도 많이 알려진 신경전달물질의 하나다. 단백질이 합성하고, 흑질(substantia nigra)·중뇌·시상하부에 있는 분화된 신경세포가 분비하는 도파민은 움직임과 작업기억을 도와 주는 역할을 한다. 파킨슨병(Parkinson's disease) 환자들은 도파민이 부족하다.

감마아미노낙산

감마아미노낙산(gamma-aminobutyric acid: GABA)은 뇌에서 스위치를 끄는 반응 억제자로서의 역할을 한다. 모든 학습은 신경 활동(촉진 화학작용)과 신경 억압(억제 화학작용)의 적당한 조화가 필요하다. GABA가 없다면 신경 활동이 지나쳐 발작을 일으키게 된다.

세로토닌

세로토닌(serotonin)은 대체로 긴장 이완을 일으키고, 기분과 수면을 조절하는 역할을 담당하는 대표적인 신경전달물질의 하나다. 남자가 여자보다 평균 20~30% 적게 지니고 있다. 세로토닌은 학습, 주의, 수면, 각성 및 기억에 영향을 주며 행동적 · 인지적 유연성을 증가시킨다. 하지만 적당하지 않고 너무 많으면 두렵고 자신감이 없으며, 강박-충동적이 되고, 너무 적으면 공격성과 우울증을 가져온다.

제 2 부

뇌기반 교육의 원리

교육의 기초는
전략이 아닌 원리다.

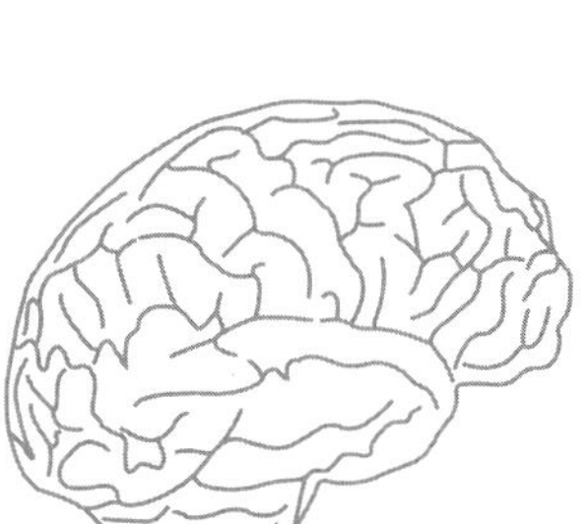

뇌기반 교육의 원리란 무엇인가

원리 1: 변화의 원리 - 뇌는 고정적인 것이 아니라 역동적이다

아무리 좌절하고, 성취 수준이 낮고, 심지어 행동 문제를 갖고 있다고 하더라도 뇌는 변화하는 능력을 갖고 있다.

원리 2: 다양성의 원리 - 모든 뇌는 독특하다

만병통치적인 수업방식, 환경, 교육과정, 평가란 없다는 생각을 뒷받침해 주는 것이다. 교사로서 학습자들을 위해 무엇을 할 것인지 학습자들에게 적합한 방법을 끊임없이 모색해야만 한다.

원리 3: 발달적 민감성의 원리

연령에 따라 취약성과 가능성이 있다. 예민하고 취약한 특징에 따라 (a) 태아기, (b) 출생~5세, (c) 5~11세, (d) 11~18세의 발달단계로 구분할 수 있으며, 각 단계마다 간과해서는 안 될 위험과 기회가 공존한다.

원리 4: 상호작용의 원리 - 우리는 '사회적 뇌'를 갖고 있다

인간은 고립되면 성공적으로 발달하지 못한다. 우리의 문화는 정서적 발달, 문화적 기준 및 사회적 행동을 위한 신호를 제공한다. 우리는 큰 위험과 기회의 영역으로서 학교에서의 사회적 환경과 맥락을 고려하는 것이 현명하다.

원리 5: 결합성의 원리 - 뇌는 통합된 '기관'이다

삶의 한 영역에서 일어나는 것은 무엇이든 다른 삶의 영역에 영향을 미칠 수 있다는 것을 상기시킨다. 이것은 우리가 학습에 잠재적으로 영향을 미치는 영양 섭취, 고통, 만성적 질환, 약물 남용, 운동 부족, 억압, 외상 및 기타 가정생활이나 학교 변인에 특별히 주의를 기울여야 한다는 뜻이다.

원리 6: 기억 유연성의 원리

과거에는 기억이 사진과 같아서 일정 시간 변하지 않고 저장되어 지속된다고 생각했다. 그러나 오늘날에는 기억이 사실 여러 속성(위치, 일시, 같이 있었던 사람, 들었던 내용, 당시의 기분, 입었던 옷, 냄새 등)의 총합이라는 것을 알았다. 이러한 속성이 회상을 할 때 모두 재활성화되는 경우는 드물고, 변질되기도 하고 소멸되기도 하며 한쪽으로 치우칠 때가 많다. 요컨대, 대부분의 기억은 거의 믿을 수 없다.

원리 7: 자원 소모의 원리

학습의 과정에서 구조적 한계, 신체적 과정 및 자원 소모 등이 뒤따른다. 이러한 것들은 학습 내용과 학습량을 정하는 데에 어느 정도 지침이 된다. 학습을 강화하는 것과 제한하는 것을 알고 있다면, 모든 학생들의 잠재력을 극대화하는 변인들에 영향을 미칠 수 있다.

■ 이 외에도 우리는 더 많은 특수한 원리들을 수립할 수 있고, 이러한 원리들을 몇 가지 원리로 압축할 수도 있다. 중요한 것은 앞서 제시한 일곱 가지 원리들이 정확하고, 다루기 쉽고, 실용적이라는 사실이다.

원리 1: 변화의 원리
– 뇌는 고정적인 것이 아니라 역동적이다

수년 전에 교육자들은 어린아이들이 보다 작은 뇌를 갖고 있다고 생각하고 그들에게 지식과 기술을 잔뜩 채워 주었다. 이제 우리는 뇌가 끊임없이 변화하고 있다는 사실을 알았다. 그렇다면 변화하고 있는 것은 무엇인가? 거의 모든 것이다!

- 세포의 양, 크기, 형태
- 새로운 결합의 수
- 뇌의 화학작용의 수준
- 신경 활동의 패턴
- 뇌 영역들의 부피

유전자는 세포 복제에 관여하는 리보핵산(ribonucleic acid: RNA; 유전 정보의 '전달 및 복제' 분자)으로, 단지 복제의 청사진으로만 보는 것이 과거의 패러다임이었다. 그렇지만 우리는 대략 2만 5,000개의 유전 인자를 갖고 있다. 인간의 복잡성은 단지 유전자에서만 야기될 수 있는 것이 아니다. 인간과 호박의 유전자는 70%가 같다! 심지어 인간과 침팬지의 유전자는 98%가 같다! 비교하자면 닭과 복어 또한 대략 2만 5,000개의 유전자를 갖고 있다. 도대체 인간의 복잡성은 어디에서 오는 것일까? 만약 유전자가 복제하는 것 이상의 일을 한다면 어떻게 될까? 유전자가 하는 일에 대해서 살펴보기로 하자.

유전자는 한 가지 기능이 아니라 두 가지 기능을 갖고 있다는 것이 새롭게 알려졌다. 하나는 RNA를 통해서 유전자를 복제하는 기능이고, 다른 하나는 보다 놀라운 것으로 환경적 신호에 민감하게 반응하는 기능인데 이는 유전자 발현(gene expression)이라고 불린다. 2006년 생리학 분야의 노벨상은 이 과정을 기술하고, 어떻게 영향을 미치는지 실험을 통해 밝혔던 한 쌍의 과학자들에게 주어졌다. 유기체가 현상 유지에 관심을 기울인다는 점에서 단백질에 메시지를 변경함으로써 유전자 발현에 영향을 미치는 것이다. 스트레스, 영양, 운동, 사회적 요인, 외상 및 정서 상태와 같은 요인이 유전자 발현에 영향을 미칠 수 있다. 이러한 새로운 발견은 교육에서 우리가 발생할 것이라고 전혀 생각하지도 못했던 이른바 기적 현상들을 설명해 준다(Rossi, 2002).

만약 상호작용이 긍정적이면서 지속적이라면, 일련의 변화가 나타날 것이다. 만약 상호작용이 부정적이면서 강렬하다면, 다른 방면으로 일련의 변화가 나타날 것이다. 우리는 삶의 경험에 기초하여 변화한다. 이는 '고정 뇌(fixed brain)', 즉 뇌가 변화하지 않고 고정적이라는 그동안의 사회적 통념이 잘못되었고, 시대에 뒤진 것이며, 틀렸다는 것이다. 예를 들어, 우리는 인간의 뇌가 새로운 뇌세포를 성장시킬 수 있고 실제로 성장한다는 것을 알고 있다. 이와 마찬가지로 중요한 것은 많은 새로운 뇌세포가 생존하고 기능을 발휘하며, 무엇보다도 우리가 그 과정에 무언가 긍정적으로 관계하고 있다는 사실이다(Eriksson et al., 1998).

이는 매우 흥미로운 사실이지만, 그 이상의 것이 있다. 이제 우리는 가정 폭력에 노출되는 것이 불행히도 아이의 지능에 해가 될 수 있다는 것을 알았다(Koenen, Moffitt, Caspi, Taylor, & Purcell, 2003).

뇌는 우리의 선택에 따라 변화한다. 텔레비전을 시청할까 아니면 악기 연주법을 배울까? 악기 연주 혹은 자동차 운전과 같은 기능을 학습하는 것이 뇌의 구조를 증대시키는 데에 도움이 된다(Gaser & Schlaug, 2003; Maguire et al., 2003).

뇌 크기의 증가 혹은 감소 외에도 다른 변화가 있다. 연구자들은 새로운 것을 통달하기 위한 학습, 심지어는 비디오 게임을 하는 것조차도 뇌의 혈류와 활동을 변화시킨다는 점을 발견했다(Haier et al., 1992).

학교는 뇌를 위해 무엇을 해야 하는가? 공부를 하면 할수록 더욱더 뇌에 많은 변화가 일어난다! 열심히 공부하는 학생들의 뇌와 학교에서 공부하지 않고 빈둥거리는 학생들의 뇌를 비교해 보면 실제로 그 차이가 크다(Draganski et al., 2006).

우리가 고정적이라고 생각했던 유전자가 지금은 환경에 따라 달라지는 것으로 알려져 있다. 이처럼 유전자 발현은 일란성 쌍생아들 사이에서조차도 각각의 신진대사에 강력하게 영향을 미친다(Berezovskii, Zelenskaia, Serebrovskaia, Zverkova, & Il'chevich, 1986).

지금까지 우리는 뇌의 변화에 대체로 긍정적인 영향을 미치는 것만을 살펴보았다. 그러나 현실적으로 보면 부정적인 영향도 있다. 알고 있듯이 약물 남용과 같은 부정적인 영향은 신경세포를 포함하여 뇌의 구조를 변경시킬 수 있다(Farber & Olney, 2003).

그렇다면 모든 점을 종합해 볼 때 결론은 무엇인가? 열심히 공부하는 학생들이 그렇지 않은 학생들과 비교하여 머리가 더 좋아지는 혜택을 얻는다는 것이다. 보다 열심히 공부할수록 뇌세포의 길이, 즉 수상돌기가 증가함으로써 우리의 뇌를 변경시킨다(Jacobs, Schall, &

Scheibel, 1993).

우리는 학생들의 삶을 직접 통제하지는 못하지만, 그들의 뇌를 긍정적인 방향으로 변화시키고 바꾸기 위한 많은 기회를 제공할 수는 있다. 그 기회에는 다음과 같은 것이 있다.

- 기능 연마와 운동
- 스트레스 수준
- 도전적이고 새로운 학습
- 의미/관련성
- 기분, 정서, 개인적 연관성
- 영양물 섭취
- 안전한 환경
- 휴식시간
- 피드백/잘못된 부분 교정

이 목록을 읽으면서 흥분해야 한다! 학생들(혹은 자녀들)의 뇌는 환경적 투입을 통해서 개선될 수 있다. 뇌는 좋은 쪽으로도, 혹은 나쁜 쪽으로도 변화가 가능하다.

정리해 보면, 뇌는 항상 변화하고 있다는 것이다. 세포 성장(신경조직 형성), 수상돌기의 분기, 세포 사망(apoptosis), 화학적 변화와 같은 과정과 유전자는 모두가 뇌의 변화에 기여하며, 유전자는 한 가지가 아니라 두 가지의 기능(유전자 복제와 발현)을 갖고 있다. 또한 최근에 발견된 바로는 유전자는 환경적 투입의 영향을 매우 쉽게 받는다. 이러한 사실은 우리의 뇌가 끊임없이 유동적인 상태에 있다는 것을 제안하는 보다 넓은 지식체계에 이바지하고 있다.

교육자를 위한 제언

원리 1은 교육자들에게 좋은 소식이다. 학생들은 긍정적인 변화를 위한 엄청난 기회를 갖고 있다. 그리고 밝혀진 바에 따르면, 학생들은 변화를 위한 광범위한 역량을 갖고 있다. 우리가 엄청난 변화를 자주 목격하지 못하는 것이 엄청난 변화가 불가능하거나 비현실적이라는 의미는 아니다. 오히려 그것은 환경적 투입이 주로 정적인 상태로 유지되는 경우가 많고, 어떤 큰 변화가 없다면 계속 현상 유지가 되며 학생은 그대로 남아 있게 된다는 의미다. 변화에 보다 개방적이고 높은 기대를 갖는 방법을 몇 가지 제시하면 다음과 같다.

- 부정적인 말을 삼가라.

  "사과는 나무에서 결코 떨어지지 않는다."라고 말하는 것은 "나는 그의 부모가 매우 똑똑하지 않기 때문에 그가 잘 해낼 것이라고 기대하지 않는다."라고 말하는 것과 다름없다. 부정적인 태도를 버리고 긍정적인 태도를 취하며 변화의 가능성에 대해서 말하라.

- 일치단결하고 지원하라.

  여러분만큼이나 다른 많은 교사들도 학생들의 수행을 최적화하는 데에 동의할 수 있다. 교사들이 서로 일치단결하여 학생들을 지원해야 한다. 교사들이 협동해서 일해야 시너지 효과가 커지며 학생들의 개선도 더욱 빨라진다.

- 부모와 그들 자녀의 기회에 대해서 이야기하라.

- 좋은 음식을 섭취하고 보다 많이 운동하도록 권장하고, 스트레스를 줄일 수 있도록 격려하라.

- 학습을 위한 규칙을 준수하라.

위 사항들은 앞에서 이미 언급했던 것들이다. 이를 실천할 때 여러분은 최선을 다하고 있는 것이다. 원리 1과 관련하여 Jensen(2006)의 『뇌 강화하기 *(Enriching the Brain)*』는 아주 좋은 자료가 된다.

원리 2: 다양성의 원리 – 모든 뇌는 독특하다

사람마다 지문이 모두 다른 것처럼 지구상에 있는 그 어느 누구의 뇌도 동일하지 않고 독특하다. 심지어 일란성 쌍생아조차도 다른 뇌를 갖고 있다. 무엇이 우리를 이렇게 독특하게 만드는가? 간단히 대답하면, 그것은 유전자와 우리를 둘러싼 환경의 영향 때문이다. 예를 들어, 사람들은 성장 속도가 각각 매우 다르다. 이것은 우리가 모든 학생들의 성적 수준이 같은 날 혹은 같은 주에 똑같을 것이라고 기대하는 교육과정이나 평가를 멀리해야 한다는 뜻이다. 같은 연령 혹은 같은 학년의 모든 학생들이 동일 수준에서 수행하도록 애써야 한다는 어떤 과학적 증거도 없다(Thompson et al., 2000).

확실한 것은 유전자 그 자체만으로는 인간의 다양성을 설명하지 못한다는 것이다. 유전적인 유사성의 한 예로, 모든 인간은 정확히 같은 DNA의 99.5%를 공유하고 있다. 그러나 사회적 · 문화적 · 환경적 요인이 인간의 인지와 행동에 직간접적으로 영향을 미친다. 직접적으로 우리는 명령이나 자극-반응으로 이루어지는 누군가의 학습 현상을 관찰할 수 있다. 그러나 간접적으로 많은 요인이 유전자의 발현과 신경세포의 기능을 수정하도록 뇌에 피드백을 줌으로써 영향력을 행사한다. 우리의 뇌는 학교에서 새로운 내용을 학습할 뿐만 아니라 유전자 발현으로 알려진 주요한 삶의 과정을 바꾸는 것을 학습한다. 이와 같이 유전자는 타고난 것에 의해서가 아니라 삶을 통해 학습한 것으로 우리의 삶에서 끊임없이 어떤 역할을 하고 있다. 그리하여 '양육

(nurture)'이 결과적으로 '천성(nature)'으로 표현된다. 우리를 독특하게 만드는 것은 바로 우리의 유전자와 우리의 경험이다.

환경은 어떻게 해서 우리를 독특하게 만드는가? 어떤 학생에게는 효과적인 처방이 다른 학생에게는 비효과적인 처방이 될 수 있는 다수의 요인이 있다. 학생 각자에게 적합한 처방이 있기 마련인데, 그 처방은 다음과 같은 것의 존재 혹은 부재에 따라 성격을 달리한다.

나쁜 기분	악기 연주
고통	매일 걷기
학습	당뇨
요가	유전자 발현
외상	TV 시청
영양 공급	실제 체험의 과학
운동	지루함
약물 치료	수면

거의 모든 환경적 투입은, 특히 지나칠 정도로 과도한 환경적 투입은 뇌의 변화를 가져온다. 예를 들어, 만성적인 스트레스는 보다 일반적인 스트레스와 비교하여 우리의 뇌를 더 많이 변화(노화 촉진)시킨다(Epel et al., 2004).

정신 지체와 학습장애 등 특수아동은 일반아동과는 구조적으로나 절차적으로 매우 다른 뇌를 지니고 있는 것으로 증명되었다(Baker, Vernon, & Ho, 1991; Castellanos & Acosta, 2002). 이와 같은 맥락에서 영재로 판명된 아동도 다른 일반아동과는 다른 뇌를 지니고 있다는 증거가 많다. 뇌 차이의 유형은 다르지만, 공통점은 차이가 있다는 것이다(Alexander, O' Boyle, & Benbow, 1966; Bogolepova, 1994; Jausovec & Jausovec, 2004).

우리는 모두 학습 양식(learning styles)에 대해서 들어 보았을 것이다. Gregorac의 인지 양식 모형, 4-MAT, Meyers-Briggs의 성격유형검사, VAK(시각적 · 청각적 · 운동감각적) 모형을 비롯한 학생들 간의 차이를 밝혀 주는 많은 모형들이 있다. 그러나 '학습 양식' 혹은 '성격 유형'을 입증해 주는 뇌 연구가 있는가? 그렇다. 어떤 사람들은 자신의 뇌를 차별적으로 사용하며, 이러한 뇌 차별성 혹은 뇌 선호도는 성격과 학습의 유형을 초래할 수 있다(Fox, Henderson, Marshall, Nichols, & Ghera, 2005).

교육자를 위한 제언

종합해 보면, 인간의 뇌가 사람마다 물리적으로나 기능적으로 상당한 차이가 있다는 것을 여러 연구 결과에서 밝혀 주고 있다. 이러한 사실은 차별 모형을 지지하는 사람들의 입지를 강화해 준다. 모든 인간의 뇌가 독특하다는 원리 2는 우리가 학년별 비교, 성별 비교, 연령별 비교, 학교별 비교, 지역별 비교를 해서는 안 된다는 것을 말해 준다. 다만 가능한 것은 한 학생을 미래의 그 자신과 비교하는, 즉 발달단계별 비교다. 각기 독특한 학생들을 돕기 위한 방법을 몇 가지 제시하면 다음과 같다.

• 과제 시간의 양

"여러분에게 7분간의 시간을 줄 것이다. 만약 여러분이 일찍 마치면, 여러분은 …… 할 수 있다."

• 양식(modality)

교사가 학생들에게 보여 준 것에 대해 학생들이 토의하도록 하라. 교사가 학생들에게 말한 것을 학생들이 그려 보도록 하거나 수행해 보도록 하라.

• 사회적 상황

개별적으로, 짝과 함께, 소집단으로, 조별로, 반 전체로 학습이 이루어지도록 다양한 사회적 상황을 만들어라.

• 내용의 복잡성

"여러분은 1수준, 2수준, 3수준을 선택하여 도전할 수 있다. 여러분에게 가장 적합한 수준이 어떤 것인지 나에게 말해라."

• 자원의 활용

스스로 공부하기, 교재를 이용하여 공부하기, 웹을 이용하여 공부하기, 동료와 협동하여 공부하기 등이 있다.

이러한 과제 시간, 교수-학습 양식, 사회적 상황, 내용의 복잡성, 이용 가능한 자원을 다양하게 구사한다. 원리 2와 관련하여 Jensen(2000)의 『다양한 뇌, 다양한 학습자(*Different Brains, Different Learners*)』를 추천할 수 있다.

원리 3: 발달적 민감성의 원리

많은 교육자들이 발달적으로 매우 부적합한 교과목을 가르치라는 요구에 좌절감을 느낀다. 교육자들은 전통적인 방법이 별로 효과적이지 못하다는 것을 알고 있다. 뇌 연구가 우리에게 학생들의 뇌에 대해서 어떤 정보를 제공해 줄 수 있으며, 우리는 어떻게 해야 할 것인가? 발달단계 중 중요한 세 시기를 살펴보기로 하자.

출생에서 5세까지

이 시기 인간의 뇌는 상당히 취약하다. 타고난 대로 보자면, 유아들이 세상을 이해하는 데 뇌가 본질적으로 문화를 '다운로드' 하길 원한다. 그것은 사람이 세상의 CD를 복사하는 것과 같다. 이러한 무분별한(아동의 전두엽은 부정적 투입을 평가, 삭제, 재구성할 수 없다) 복사는 거의 모든 경험이 아동의 뇌를 움직이게 할 최후의 구조와 메시지의 일부를 형성한다는 것을 의미한다. 이 시기 아동의 뇌는 에너지를 불태운다. 4세 아동의 뇌가 포도당을 소비하는 양은 성인이 되어 소비하는 포도당의 양보다 두 배나 많다(Bower, 1999; Chugani, 1998; Tansey, Tansey, & Tachiki, 1994).

뇌는 세상에서 생존하는 방법을 파악하기 위해 노력한다. 그래서 뇌는 부정적인 경험일지라도 모두 받아들이고자 한다. 예를 들어, 만약 어떤 아이가 부모의 학대, 부조화, 외상에 노출된다면, 그 아이의 뇌는 불확실성의 스트레스와 한쪽 혹은 양쪽 부모를 상실하는 두려움을 복사할 가능성이 높나. 어린 시절의 고통은 평생 장애가 될 수 있다(Bunge, Dudukovic, Thomason, Vaidya, & Gabrieli, 2002; Gunnar, 2000).

빈곤은 평생 인간의 뇌에 문제를 야기할 수 있다. 실제 이를 증명하는 많은 예가 있으며, 중요한 문제는 경제적인 것이 아니다. 많은 예가 밝히고 있는 것은 자원의 결핍이 경제적 수준이 낮은 아동들에게 어떻게 영향을 미치는가다. 경제적 수준이 낮은 아동들은 의학적 치료를 받기 어렵고, 음식물을 제대로 제공받지 못하며, 생활이 불안정하고, 만성적 스트레스 요인에 노출되기 쉽다(Bolger, Patterson, Thompson, & Kupersmidt, 1995; Lewit, Terman, & Behrman, 1997).

어린 아동(5~11세)

5~11세는 감각적 운동 발달과 사회적 기능 형성에 중요한 시기다. 이 시기의 아이들은 축구, 체조, 격투기(태권도, 유도 등) 등과 같은 스포츠와 악기 연주에 재능을 보인다. 이 시기에는 낭비할 시간이 없다. 아이들은 가만히 앉아서 하는 활동보다는 신체적으로 많이 움직이고(신체적 놀이) 또래들과 어울리는(사회화) 활동이 필요하다. 이것은 수학, 읽기, 과학 학습을 피하라는 의미가 아니라 성장하고 있는 뇌의 다른 욕구와 함께 조화를 이루며 수학, 읽기, 과학 학습을 해야 할 시점이라는 의미다(Hirsch-Pasek, Eyer, & Golinkoff, 2003).

십대(11~18세)

11~18세의 청소년은 숙련되지 않은 운전자가 탄 경주 차의 엔진을 시동한 것에 비유할 수 있다. 십대의 뇌 구조와 기능은 그 이전 시

기와는 다르다. 이는 많은 신경과학자들이 최근 중점적으로 연구해 온 부분이다. 여기서 가장 최근의 모든 연구 결과들을 이야기할 수는 없고, 그중 중요한 몇 가지만을 다루고자 한다.

뇌의 많은 영역이 청소년 시기에도 여전히 중요한 변화와 발달을 계속하고 있다. 사실 그 변화란 유아의 뇌에서 일어나는 변화만큼이나 크다. 두정엽은 12~17세까지 중요한 변화를 겪는다. 어떤 하위 영역은 2~3배가 더 커지기도 한다. '회백질(gray matter)'의 큰 덩어리인 전두엽은 가장 늦게 발달하는 영역이면서 큰 변화를 겪는다. 회백질(뇌세포들)은 처음에는(11~13세) 두껍지만 13~20세 무렵에는 얇아진다(7~10% 감소). 십대의 뇌에서는 회백질이 급성장하는데, 회백질의 전체 양이 늘어나는 십대 시기에 매년 회백질의 1%를 줄이는 대량의 '가지치기'를 수반한다. 이러한 과정은 경험에 기초하여 성인기를 위해 뇌의 신경적 결합을 형성하는 것으로 여겨진다(Paus et al., 1999).

그 변화는 상당히 크며, 이는 십대의 뇌가 새로운 학습을 강화하고 조직하며 저장하기 위해서 보다 많은 휴식시간이 필요하다는 것을 의미한다(Carskadon, Wolfson, Acebo, Tzischinsky, & Seifer, 1998).

십대의 뇌는 초고층 빌딩보다는 청사진을 더 닮았다는 것도 고려해야 한다. 교육자와 부모가 십대의 마음을 가구가 필요한 빈집으로 생각하기보다는 벽과 배선 및 지붕이 필요한 집의 틀로 이해하는 것이 더 바람직하다. 또한 십대를 성인과 같이 취급하지 말아야 한다. 그들은 성인이 아니다. 십대의 자동차 사고율은 가장 높아 어떤 연령 집단보다도 뇌 손상의 발병률이 높다. 십대는 발달적으로 혼미 상태에 있고, 종종 매우 어리석을 정도의 의사결정을 하기도 한다. 그들의 뇌는 좀처럼 성숙한 의사결정을 하지 못하게 하는 궤도상에 있는 것이다(Sowell, Trauner, Gamst, & Jernigan, 2002).

십대는 생물학적 이유로 다음과 같은 패턴을 나타낸다.

민감성(susceptibility)__ 십대는 상당히 모험적인 신기성(novelty)에 민감하다. 신기성은 도파민과 노르아드레날린과 같은 뇌 화학물질을 가진 십대의 불안정한 체제를 흥분시킨다. 그들은 장기적이고 지연된 보상보다는 단기적이고 즉각적인 보상을 선택한다. 그들의 미발달된 전두엽은 무모한 행동에 중요한 역할을 한다(Steinberg, 2005).

계획의 결여(lack of planning)__ 십대는 미성숙한 전두엽에 의존하기 때문에 자신의 행동이 가져오는 결과를 제대로 예상하지 못한다. 그들은 행동을 하는 데 선택의 여지가 다양하다는 것을 잘 파악하지 못한다. 또한 스트레스를 받으면 쉽게 혼란에 빠지고 한 가지 이상의 계획을 좀처럼 진전시키지 못한다. 이것은 전두엽이 미발달한 탓도 있다(Durston, Hulshoff-Pol, & Casey, 2001).

정서적 불안(emotional stew)__ 정서는 학습에 필수적인 것으로서 십대는 정서를 이해하고 관리하는 방법을 학습해야 한다. 그들은 정서를 잘 파악하지 못하고, 좋은 친구를 잘 선택하지 못하며, 자신의 감정세계에 잘 빠져든다(Larson & Verma, 1999).

집단 도덕성(crowd morality)__ 십대는 전두엽이 발달해야만 도덕적 지위가 올라갈 것이다. 그들은 주당 평균 28시간을 통제받지 않은 채 혼자서 영상(TV, 비디오, 컴퓨터, 영화 등)에 빠져 지낸다(Strasburger & Donnerstein, 2000). 이와 균형을 맞추기 위해 그들은 종종 친한(비록 그것이 부정적일지라도) 친구들과 어울리고자 한다. 그러나 그들은 혼자 있을 때보다 집단 속에 있을 때 위험한 행동을 할 가능성이 더 높다.

자기 조절의 어려움(difficulty in self-regulation)__ 십대는 화학적 불균형의 큰 위험에 처하기 쉽다. 그래서 불안, 우울, 스트레스, 섭식장애, 수면 습관의 잦은 변화 등과 관련한 행동장애와 성격장애를 보인다. 십대는 성인보다 이러한 장애에 더 취약하고, 대처하는 기능도 떨어진다. 그들은 하루의 대부분을 무감정하거나 아니면 고민에 푹 빠진 채 보낸다(Eldridge, Galea, McCoy, Wolfe, & Graham, 2003).

위험 감수(risk taking)__ 십대는 중독에 매우 취약하고, 성인과 비교하여 약물 남용이 미치는 영향을 잘 알지 못하며, 중독에 빠졌을 때 치료가 더 어렵다. 그들은 대체로 약물이 해롭지 않다고 여기며, 어떻게든 생존할 수 있다고 믿는다(Bardo, 2004).

교육자를 위한 제언

발달적 민감성의 원리는 뇌의 학습 역량을 극대화하기 위해서 학습 시기를 재조직해야 한다는 것을 말해 준다. 예를 들어, 새로운 언어와 악기에 대한 학습은 유치원에서 5학년까지의 활동이 되어야 하고 그 이후의 활동으로 지연되어서는 안 된다.

학생들이 12세가 되면(22세까지) 신체의 시계가 조정된다고 여러 연구에서 밝히고 있다. 또래의 압력에 대한 반응이나 사회화보다는 오히려 생물학적 성질상 늦게 자고 늦게 일어나려는 욕구가 나타난다. 마지막 2시간의 수면이 학교에서 주의를 기울이는 데에 중요하다. 학생들의 주의, 학습, 기억을 극대화하기 위해서 유치원에서 5학년까지의 학생들은 오전 7시 30분의 이른 시간에 하루 일과를 시작하는 것이 좋지만, 6~12학년까지의 학생들은 늦게 자고 늦게 일어나는 십대의 자연스러운 생물학적 경향에 맞추어 하루 일과 시간이 오전 9시 30분에 근접해야 한다고 연구자들은 말하고 있다.

출생에서 5세까지(중재)
5세 이하의 유아는 어떤 경험, 정서, 문화이든 모두 다운로드하려는 경향이 있다는 것을 기억하라. 어린아이들을 스트레스, 영양 부족, 외상, 방치, 혼란으로부터 보호하기 위한 바람직한 시간이 보장되어야 한다. 이 시기에는 애정, 정서적 상호작용, 움직임 및 확실성에 초점을 두어야 한다.

어린 아동(5~11세)
보다 상세한 안내와 설명을 해 주고 사회적 기능을 훈련할 수 있는 기회를 많이 가지도록 하라. 부모에게는 어린아이들의 삶을 여행, 자연 탐구, 박물관 방문, 놀이 활동, 격투기, 축구, 4H 클럽 활동, 무용, 보이 스카우트 혹은 걸 스카우트 등을 통해서 풍부하게 해 줄 수 있는 좋은 기회(그들이 더 나이 들어 '너무 냉담'해지기 전에)다. 교실에서는 약물 남용, 윤리, 음식물 섭취, 도덕성에 대해 가르쳐야 할 시점이다.

십대(11~18세)
위험을 관리하고, 그들의 삶에 밀접하게 관여하며, 질문을 하고, 위험한 활동을 할 기회를 줄여라. 십대의 뇌는 아직 성인이 아니며 성숙하고 신중한 의사결정을 하지 못한다는 점을 기억하라. 십대의 뇌를 극대화하기 위해서 관심, 애정, 관계 형성을 통해 이 위험한 시기를 주의 깊게 다스려 나가야 한다. 이 시기에는 4H 클럽 활동, 야외 활동, 해외여행, 각종 캠프 프로그램을 실시하는 것이 좋다. 그들을 위험한 상황에 놓이게 하지 말고, 또한 성인 수준의 의사결정을 기대하지 말라. 대신 그들의 파트너나 안내자가 되고 여러 경험을 함께 공유하라. 그들에게 최고의 친구가 아니라 훌륭한 조언자(mentor)이자 확실한 안내자가 되라. 관리를 받으면서 모험을 즐길 수 있는 기회(실내 암벽 타기, 야외 활동, 스케이트보드 타기 등)를 주어라. 그리고 그들의 강점에 초점을 맞추어라. 그들의 자존심은 표출되는 것보다 더 약하다.

원리 4: 상호작용의 원리
– 우리는 '사회적 뇌'를 갖고 있다

20세기 전반에 걸쳐 인지와 성취에 관한 연구들은 개인에게 초점을 두고 수행되었다. 그러나 우리 대부분은 중첩되는 다수의 사회적 네트워크 속에서 기능한다. 우리에게는 가족, 친구, 지인, 동료 집단이 있다. 이들과의 사회적 접촉은 우리에게 영향을 미치며, 우리 또한 그들에게 영향을 미치고 있다. '사회적 뇌(social brain)'는 자신을 사회적 집단의 일부로 관련시키고자 하는 우리의 내재된 욕구를 가리킨다. 자신을 사회적 집단의 일부로 관련시키기 위해서는 어느 정도 정서지능(emotional intelligence)과 사회적 기술(social skills)이 필요하다. 사회적 인지(social cognition)는 정보를 처리하는 것으로서 다른 사람들의 생각과 의도를 정확하게 파악하도록 해 준다.

인간 뇌의 크기를 급증시키는 데에 공헌한 것은 지력 발달이 아니라 복잡한 사회적 위계의 발달이었다는 것은 아주 그럴듯해 보인다. 사회적 구조에 헌신하는 뇌의 영역은 광범위한데 전부(前部)의 전전두엽(anterior prefrontal lobe), 전대상(anterior cingulate), 전두회(frontal gyrus), 편도, 방추 모양의 회(gyrus), 후부(後部)의 측두엽이 해당되는 것으로 밝혀졌다. 이제는 우리가 매일 겪는 사회적 경험이 우리의 정서적 · 학업적 · 신체적 안녕에 큰 영향을 미친다는 것을 알았다(Champagne & Curley, 2005).

유기체의 한 수준에서의 사회적 · 환경적 사건들(분자, DNA, 세포, 신경계, 기관, 면역, 행동적, 사회적 등)이 다른 수준에서의 사건에 크게 영향을 미칠 수 있다(Cacioppo, Berntson, Sheridan, & McClintock, 2001). 우리는 자신과 자신이 접촉한 것들을 조각조각 분해하여 생각할 수 없고 커다랗게 통합된 그림의 한 부분으로 본다. 신경해부학상의 사회인지적 뇌의 영상도(imagining map)조차 넓게 펼쳐진다. 사회적 정보를 처리하기 위해 전두엽 피질을 포함해 인지와 관련 있는 뇌의 영역을 사용한다. 이는 학교에서의 사회적 접촉이 연구자들이 일찍이 생각했던 것보다 훨씬 더 폭넓게 영향을 미칠 수 있다는 것을 시사한다.

사회적 상태는 주의, 기억, 기분, 신경조직 발생과 상당한 관련이 있는 신경전달물질인 세로토닌과 코르티솔의 수준과 상관관계가 있다. 또한 사회적 지지의 증가는 고혈압 환자의 혈압을 낮출 수 있다는 연구도 있다(Uchino, Cacioppo, & Kiecolt-Glaser, 1996). 건전한 사회적 접촉은 면역 활동을 증가시키며, 사회적 스트레스는 면역 체계를 약화시킨다(Padgett & Sheridan, 1999). 연구자들은 사회적 고립이 흡연이나 고혈압만큼이나 파괴적인 위험 인자라고 보았다(House, Landis, & Umberson, 1988). 초기의 사회적 스트레스 요인은 스트레스 반응체계에 영구적인 변화를 일으킬 수 있다(Meaney, Sapolsky, & McEwen, 1985).

이러한 새로운 사실은 매우 중대한 것으로 검토해 볼 만하다. 사회적 경험은 다음과 같은 면에 영향을 미칠 수 있다.

- 유전자 발현의 변화
- 인지 능력의 향상
- 주의력과 기억력의 조정
- 배란 조절
- 혈압 조절
- 면역 활동
- 스트레스 반응 수준의 변화
- 뇌의 화학적 작용

이러한 모든 것이 왜 중요한가? 교실과 학교는 중요한 사회적 경험의 장이기 때문에 학생들의 뇌는 교실과 학교의 경험에 따라 변화한다. 사회적 경험이 학생들의 뇌에 미치는 영향을 소홀히 하는 것은 무책임한 짓이다. 이 사실을 아는 것은 윤리적인 측면 그 이상으로 중요하다. 우리가 학습소비자들의 뇌를 조형하고 있는 방식을 이해하고, 그에 책임을 갖는 것은 당연한 의무인 것이다. 예를 들어, 사회적 접촉이 긍정적일 때 학업성취도가 향상된다는 것을 잘 알고 있을 것이다(Guay, Boivin, & Hodges, 1999).

또한 비록 남학생과 여학생이 서로 다른 관계성을 경험한다 해도(여학생은 동료 상호 간의 관계에, 남학생은 교사와의 관계에 신경을 쓴다), 이러한 사회적 접촉은 학업성취도 향상에 도움이 된다(Furrer & Skinner, 2003).

사회적 경험과 환경적 장면을 모두 포함한 보다 광범위한 상황(context)이 우리의 성취도에 영향을 미칠 수 있다.

수년 전 어느 심리학자 그룹은 놀라운 현상에 주목했다. 정규 학교교육을 받지 않은 브라질의 젊은이들이 거리 행상을 하는 과정에서 셈이 무척 빠르다(그리고 정확하다)는 것을 알았다. 이것은 상황의존적 지능(context-dependent intelligence)의 고전적 예다. 대체로 브라질의 청소년 거리 행상들의 일상적 셈의 정확률은 98~99%나 된다. 그러나 주변의 학교에 다니는 학생들은 똑같은 기능을 요구하는 과제에서 정확률이 50%에 불과했다(Carraher, Carraher, & Schliemann, 1985).

우리가 환경적 · 사회적 상황의 영향에 대해서 말하는 이유가 바로 이 때문이다(Ceci & Roazzi, 1994).

교육자를 위한 제언

• 정보 수집

우선 우리는 학생들의 사회적 상태에 관한 정보를 수집하는 일을 보다 잘 수행할 수 있다. 학생들이 혼자 있고 싶어 하는 시간이 얼마인가? 짝꿍과 보내고 싶어 하는 시간이 얼마이고, 집단이나 팀 속에서 보내고 싶어 하는 시간이 얼마인가? 이것은 정서적 학습자의 성공에 중요하다. 학생들의 연령에 따라 그 방법은 다르다. 어떤 경우엔 소집단 토론이 효과적일 수 있다. 교사들은 학생들이 교실에 들어올 때 단순히 그들을 주시하고 그들의 이야기에 귀 기울이기만 해도 정보를 얻을 수 있다. 일단 정보가 수집되면 교사들은 학생들의 선호도에 대하여 보다 많은 것을 알아야만 한다. 그래서 다양한 교수방법이 일반적으로 좋은 전략이긴 하지만 학생들의 선호도에 맞는 교수방법을 모색해야 한다.

• 학교 협력자

초등학생이건 중고등학생이건 간에 어느 누구도 학교에서 외톨이라는 느낌을 갖지 않도록 하라. 모든 학생들에게는 각자 그들을 보살펴 주는 학생(멘토 혹은 또래 상담자)과 그들을 잘 알고 있는 어른(생활지도교사 혹은 상담교사)이 있어야 한다. 학생들은 상실감을 느끼거나 말할 상대가 아무도 없다고 생각하기 쉽기 때문이다.

• 빠른 사회적 집단 편성

중요한 사회적 시간은 대부분 비공식적 집단의 편성에서 일어날 수 있다. 학생들에게 일어나 열 걸음을 걸어가서 짝을 찾도록 해 보아라. 학생들이 일단 새로운 짝을 만나면 상호 인터뷰를 할 수 있고, 가설을 검증할 수 있으며, 이전의 학습을 복습할 수도 있다. 학생들은 한 집단에서 다른 집단으로 돌아가며 배치되거나 그들의 학습을 협동적으로 행할 수 있다. 교실에서 돌아가며 간단히 사회적 인사를 나누는 방법을 활용하라. 적절한 기회를 보아 학생들로 하여금 이웃 사람들에게 "안녕하세요?" 혹은 "잘했어요!"라고 말하도록 하라.

• 사회적 사건

학생들은 하루에 잠깐이라도 구조화된 사회적 조건을 필요로 한다. 이러한 사회적 사건은 약간의 개인적 시간이 포함된 집회일 수도 있고, 팀 혹은 짝으로 이루어질 수도 있다. 학생들이 자신의 강점을 살릴 수 있는 활동을 선택하고, 또한 최선을 다해 공부할 수 있는 방법을 택하도록 하라. 환경을 선택할 수 있도록 하는 것은 여러 가지 이유로 좋다. 그들의 환경에 대한 선택과 통제는 사회적 행동을 증진시키고 공격적 행동을 감소시킨다.

• 공식적 집단 편성

협동학습에 관한 연구에 따르면, 협동학습이 학생 상호 간의 개별적인 경쟁학습보다 좀 더 나은 학습을 야기한다. 팀학습 또한 학습에 효과적이다. 팀학습과 협동학습의 차이점은 간단하다. 팀학습은 어떤 구체적인 프로젝트의 수행을 위한 것이다. 단체 스포츠나 프로 스포츠를 생각해 보라. 이러한 팀의 목적은 게임에서 이기는 것이며, 시즌이 끝나면 팀이 해체된다. 팀은 의미 있는 집단 목표를 가지고 있는 특수한 조직이면서 뛰어난 수행을 요하는 조직이다. 협동 집단은 일주일간, 한 달간, 혹은 1년간 존재할 수도 있지만, '원대한' 목표를 염두에 두지 않는다. 결론적으로 팀이든 협동 집단이든 개인을 사회적으로 결속시키는 조직이 중요하고 값진 것이다.

• 사회적 기술 교육

흔히 교사들은 학생들이 보다 뛰어난 사회적 기술을 가져야 한다고 말한다. 그러나 이러한 사회적 기술은 그것에 최우선 순위를 두는 교사들이 가르쳐야 한다. 대부분의 초등학교 교사들은 사회적 기술을 기르는 데에 약간의 시간을 투자한다. 중학교와 고등학교 교사들은 훨씬 더 적은 시간을 투자하고 있다. 그러나 만약 학생들의 사회적 기술에 중점을 둔다면 학생들의 성적은 어떻게 될까? 일반적으로 학생들의 성적은 나아진다. 왜 그런가? 같은 말을 반복하고 학생들의 기분과 정서를 흐트러뜨리는 훈육을 하는 데에 시간을 덜 소비하기 때문이다.

원리 5: 결합성의 원리
– 뇌는 통합된 '기관'이다

우리의 뇌는 생각보다 훨씬 더 자체적으로 결합되어 있다. 마음, 신체, 정서가 분리되어 개별적으로 움직인다고 보았던 시각은 낡은 사고방식이 되었다. 움직임은 단지 쉬는 시간이나 체육시간에만 일어나고, 정서는 상담실에서만 표출되며, 인지 활동은 교실 수업시간에만 이루어진다고 보는 견해는 이제 과거의 이야기다. 저명한 신경과학자인 Antonio Damasio(1994)는 "신체는 마음을 위한 필요 불가결한 준거체제를 구성할 수 있다."(p. xvi)라고 언급한다. 사실 "정서의 감소는 비이성적 행동의 중요한 원천이 될 수 있다."(p. 53) 모든 인간의 과정은 마음, 정서, 신체 및 정신의 복합적 상호작용의 산물이다. 가장 단순한 인지적 표현에서부터 가장 복잡한 인지적 표현에 이르기까지 우리가 학생들에게 주입하여 그들이 나타내 보이는 모든 것은 당시의 독특하고 역동적인 뇌 상태의 산물인 것이다. 그 모든 것이란 행위, 사고, 말하기, 문학, 음악, 미술 등을 망라한다. 이 원리는 모든 행동을 발현시키는 기초, 엔진, 플랫폼(platform)이 있다는 것을 말해 준다. 그것은 곧 우리의 마음–신체–정서–뇌 체제이며, 우리의 상태(state)라고 부른다.

많은 유명 신경과학자들이—뉴욕 대학교의 Joseph LeDoux, 조지타운 대학교 의학센터의 Candace Pert, 하버드 대학교의 Jerome Kagan, 아이오와 대학교의 Antonio Damasio와 Hanna Damasio 등—일반 사람들의 의식 속에 있는 마음–신체–정서 상태를 밝혀냈다. 『정서의 인지적 신경과학(*The Cognitive Neuroscience of Emotion*)』(Lane & Nadel, 2000)은 이러한 새 분야를 공식적으로 체계화했으며, Heilman(2000)은 화학적 작용이 우리의 정서 상태에 미치는 영향을 보여 주고 있다. 정서 상태는 무엇이든 어떤 목적에 이바지한다. 건전한 정서는 보다 주의를 기울이고, 의미를 창조하며, 심지어 보다 나은 기억회로를 만드는 데에 도움이 된다. 정서는 행동에 영향을 주고, 행동을 조절하기도 한다. 또한 우리가 주변 세상을 조직하는 데에도 도움이 된다. 그보다 더 결합되고 관련될 수는 없는 것이다!

이러한 새로운 이해는 위협, 고통, 스트레스와 같은 정서 상태의 역할이 전체적으로 보아 지대하다는 것을 시사하고 있다. 학생들이 두려움을 느끼는 것은 위협을 지각하고 있다는 뜻이다. 극도의 위협에 직면하면 우리의 뇌는 싸우거나 도망가거나 꼼짝 못하거나 이 세 가지 중에서 하나를 선택한다. 사실 동물은 위협에 직면하여 (a) 도망갈 수 없다고 지각하거나 (b) 싸워서 이길 가능성이 없다면 꼼짝 못하게 된다. 교실에서도 크게 다르지 않다. 위협을 느낀 학생들은 스스로 위협을 제거할 수 있다고 여기면 반격하거나 저항할 것이다. 그렇지 않으면 그저 가만히 자리에 앉아 초조해할 것이다. 일반적으로 학생들은 도망갈 수 있다고는 느끼지 않는다. 그러나 어떤 위협이 있을 경우 학생의 뇌가 최대한의 활동을 시작한다고 잘못 생각해서는 안 된다. 최근의 연구들은 학습 환경에서 폭력의 위협이 있다고 지각하거나 실제 그러한 위협이 있는 경우 인지에 부정적인 영향을 미칠 수 있다고 제시했다. 동물을 대상으로 한 연구에서 위협은 해마를 손상시키고, 새로운 학습에 실패하도록 만든다는 것이 분명하게 밝혀졌다(Diamond, Park, Hemen, & Rose, 1999). 폭력과 관련된 학교 스트레스는 시험 점수, 장기 결석, 지각, 주의 간격에 영향을 미친다(Hoffman, 1996). 4학년 35명과 5학년 39명을 대상으로 한 연구에서 Nettles, Mucherah, Jones(2000)는 아동들의 지각된 폭력 노출은 시험 점수에 부정적인 영향을 미친다고 결론 내렸다.

악성 스트레스든 만성 스트레스든 간에 고통은 학령기 아동들에게 치명적이다. 고통은 새로운 뇌세포의 생성을 감소시키며(Gould, McEwen, Tanapat, Galea, & Fuchs, 1997), 기분장애(mood disorders)와도 연관이 있다(Brown, Rush, & McEwen, 1999). 또한 만성 스트레스는 무엇이 중요하고 중요하지 않은지를 구분해 내는 학생의 능력을 손상시킨다(Gazzaniga, 1988).

짐작하겠지만, 학생들이 어떻게 느끼느냐 하는 것은 매우 중요하다. 우리가 혼란스럽거나 긴장을 하면 기껏해야 마음이 편치 않을 뿐이지만 정서 상태가 훨씬 급성 혹은 만성이 되면 매우 심각한 상황에 처한다. 매우 심각한 정서 상태는 성적 저하, 경미한 뇌조직의 손상, 심지어 신경조직 발생(새로운 뇌세포의 생성)의 감소까지도 초래할 수 있다.

교육자를 위한 제언

원리 5는 교육자로서 우리가 특히 좌절, 고통, 분노, 무감정, 공포, 증오와 같은 혼란 상태에 주목하면서 학생들의 정서 상태에 깊은 주의를 기울여야 한다는 것을 말해 주고 있다. 이러한 정서 상태는 학습을 최상으로 이끄는 데에 도움이 되지 못하며, 보다 나은 정서 상태를 회복하기 전까지는 학생들이 학습에 어려움을 갖는다. 학생들의 정서 상태를 관리하는 데에 보다 도움이 되는 몇 가지 방법을 제시하면 다음과 같다.

• 역할모델

교사가 먼저 긍정적 감정을 가져라! 학습에 대한 호의적 태도와 하는 일에 대한 열정을 갖고 있다는 본보기가 되는 것이다. 예를 들어, 교실에서 아주 흥미로운 뭔가를 찾아내라. 수업 중에 의문과 호기심을 자아내도록 하고, 미소를 짓고, 감동적인 실화를 이야기하고, 새로운 CD를 보여 주고, 책을 읽어 주거나, 혹은 동물을 데리고 수업에 들어가라. 축제든, 재난 구조든, 서비스든 간에 지역사회에서 일어나는 일에 학생들을 참여시켜라. 흥미로운 것이 무엇인지 학생들이 깨닫게 하라. 열정은 전염된다는 사실을 익히 들어 왔을 것이다. 열정은 정말 전염된다!

• 축하의식

훌륭한 학교는 학교 대항 경기를 앞두고 기세를 올리기 위한 단합대회를 갖고, 연사를 초청하고, 시 낭독을 하고, 지역사회 봉사를 위해 노력하고, 이야기하기(storytelling)를 하고, 토론을 개최하고, 각종 클럽 활동과 스포츠 활동을 하며, 연극 행사를 개최한다. 훌륭한 교사는 감사의 표시를 하고, 파티를 열고, 학생과 손바닥을 들어 마주치며, 먹을 것을 제공하고, 음악을 들려주며, 수업이나 학급을 재미있게 이끌어 간다. 축하의식은 학생들에게 다른 방식의 공부방법을 보여 준다. 예를 들어, 학생들이 자신들이 마인드맵핑(mind-mapping)한 것을 자리에서 일어나 다른 조의 학생들에게 보여 주도록 한다. 이렇게 하는 목적은 최소한 두 가지의 잘된 점을 찾아내도록 하는 것이다. 각자 다른 조 학생들의 잘된 점을 지적함으로써 결국 동료 학생들로부터 새로운 것을 배울 수 있다. 간혹 축하의식에 축하 음악을 연주하거나 녹음된 것을 들려주고 모두가 축하받을 수 있도록 하라. 학생들이 교사가 없어도 언제나 축하를 나눌 수 있도록 '제도화' 하는 것이 가장 이상적이다.

• 움직임과 음악

학생들의 정서에 개입하기 위해서 음악, 게임, 드라마, 이야기하기를 이미 사용해 왔을 수도 있다. 흥분과 재미는 뭔가를 보다 잘 기억하도록 하는 데에 도움이 될 수 있다. 우리의 몸은 운동을 하고 재미난 활동을 하는 중에 도파민(뇌 안의 신경전달물질)과 노르에피네프린(부신 수질 호르몬)을 방출한다. 인간을 대상으로 한 연구 결과에 따르면, 도파민과 노르에피네프린과 같은 아민(amine)은 학습 전 혹은 학습 후에 기억검사를 실시했을 때 장기기억을 강화하는 것으로 나타났다. 긍정적인 정서를 일으켜라! 학생들로 하여금 학교의 부정적인 면보다는 긍정적인 면을 기억하도록 하는 것이 좋다. 앉아 있기보다는 되도록 많이 서 있게, 서 있기보다는 되도록 많이 걷게, 걷기보다는 되도록 많이 조직적인 활동을 하도록 하라.

• 학급의식

의식(ritual)은 주의 끌기와 같이 되풀이하여 발생하는 학급 문제를 해결하는 간단하면서도 미리 협의된 활동이다. 교실에서의 이러한 의식은 바로 학습자들을 관여시킬 수 있다. 그러한 의식에는 흉내 내기, 성원하기, 노래하기, 율동하기 등이 있다. 도착, 출발, 축하, 프로젝트의 시작을 알리기 위해서 의식을 사용하는데, 이는 재미있으면서도 아주 짧은 시간에 마칠 수 있도록 하고, 지루함을 막기 위해서 매주 바꾸어야 한다. 모든 조가 주어진 과제를 완성할 때마다, 특정 조에게 성원의 갈채를 보낸다. 또한 각 조는 등교한 구성원을 위해, 그리고 하루 수업을 마친 것에 특별한 성원의 갈채를 보낸다. 분명 의식은 연령에 적합한 것이어야 한다.

• 쓰기

사건, 인물, 논쟁거리에 관한 일지 쓰기, 토론하기, 이야기하기, 성찰하기 등은 학생들을 개인적으로 연관시킨다. 만약 어떤 재난에 관한 뉴스가 있다면, 학생들에게 그 재난에 관해 글을 쓰거나 이야기를 하도록 하라. 현재 발생한 사건을 다루거나 학생 자신에 관한 드라마를 쓰게 하는 것도 좋고, 자신의 생각을 이웃이나 동료 집단과 함께 나눌 수도 있다. 학생들이 교실에서 행하는 일을 개인적으로 관련성을 갖도록 도와주어라. 예를 들어, 학생들이 일지 쓰기를 할 경우 지역신문의 논설위원에게 그들이 쓴 글을 보여주고 함께 토론 혹은 비평하게 하라. 학생들이 관심 있어 하는 이슈를 선택하여 그에 대한 글을 작성한 후 제출하도록 하고 소책자를 만들 수도 있다.

그 외에도 음악, 경연대회, 시뮬레이션(simulation)의 활용 등 다른 많은 전략들이 정서의 활기를 불러올 수 있다. 정서는 목표 설정에도 관여한다. 학생들에게 자신이 설정한 목표에 도달하고자 하는 이유를 설명하도록 하라. 학생들에게 "여러분이 설정한 목표에 도달해야 하는 세 가지 중요한 이유를 쓰시오."라고 한 다음 자신이 응답한 것을 다른 동료 학생들과 함께 이야기 나누도록 하라. 목표 이면에는 정서가 깔려 있고, 목표를 성취하기 위한 에너지의 원천이 있다.

원리 6: 기억 유연성의 원리

기억을 사진과 흡사하다고 보는 것은 낡은 사고방식이다. 우리는 종종 기억을 떠올리거나 확인하기 위해 사진을 들여다본다. 기억을 떠올리거나 아니면 떠올리지 못하거나 둘 중의 하나라고 믿기 때문에 기억을 떠올린다면 그 기억이 정말 지속되고 있는 것이고, 기억을 떠올리지 못하면 그 기억이 소멸된 것이라고 여긴다. 그 말은 어느 정도 맞기도 하지만 보다 중요한 것은 우리의 기억이 유연하다는 점이다(Schacter, 2001). 우리는 기억을 조각조각 분리하여 저장하기 때문에 유연하고, 그래서 기억은 마치 만화경(kaleidoscope)을 보는 듯하다. 기억의 '조각'은 기억의 속성으로서 본 것, 소리, 사람, 냄새, 위치, 자신의 건강, 요일, 시간, 둘러싸고 있는 환경 등을 포함한다. 기억의 속성은 정말 다양하며, 이러한 속성이 함께 결합되어야 완전하게 기억을 할 수 있다(Shannon & Buckner, 2004). 그러나 일반적으로 기억의 속성을 모두 결합하여 완전하게 기억을 하는 경우는 드물다. 정확한 기억을 부호화하기 위해 모든 속성에 주의를 기울일 수는 없다. 그런 이유로 때때로 어떤 기억을 회상할 때 기억 조각이 대부분 불완전하기 때문에 아주 잘못된 기억을 하기도 한다. 이러한 일은 세상 곳곳에서는 물론 교실에서도 매일 일어나고 있다. 우리의 기억은 일반적으로 단편적이며, 부정확할 때가 많다.

기억은 여러 가지 방식으로 형성되며, 다양한 종류의 삶의 경험이 서로 다르게 부호화된다(Fuster, 1995). 그래서 각각의 경험은 서로 다르게 회상될 가능성이 많다. 기억에는 명시적 기억(explicit memory)과 암묵적 기억(implicit memory)의 두 가지 기본적인 범주가 있다. 그것들은 각각 선언적 기억(declarative memory)과 비선언적 기억(nondeclarative memory)으로 알려져 있기도 하다. 이러한 일반적인 기억 유형은 각각 나름의 강점과 약점을 갖고 있으며, 서로 다른 뇌의 부위에서 작용하고 있다(Schacter, 2001).

이미 언급한 바와 같이 우리의 기억을 위해서는 여러 개의 회로가 작용한다. 기억을 강화하기 위한 주요 열쇠 중의 하나가 둘 이상의 회로를 사용한다는 것이다. 학생들에게 기억회로에 대한 자료를 보여 주거나 읽어 준 후 그것을 그리거나 실연(實演)하도록 할 수 있다.

먼저 보다 잘 알려진 영역, 즉 명시적 학습에 대해 살펴보기로 한다. 명시적 학습은 의미(낱말과 그림)적이거나 아니면 보다 에피소드(기억에 대한 자서전적 및 개인적인 연출, 기억에 관해 제삼자를 통해 학습한 것)적인 것일 수 있다. 이러한 두 회로를 보통 '내용(what)' 회로와 '장소(where)' 회로라고 한다. 내용회로는 대체로 측두엽에서 학습을 처리하며, 장소회로는 대체로 두정엽에서 투입 정보를 처리한다. 즉, 명시적 학습의 회로는 우리에게 내용과 더불어 특정한 상황이나 장소를 생각나게 하는 "여러분은 ……때(언제) 어디에 있었지요?" 와 같은 회로인 셈이다. "여러분은 어젯밤에 저녁식사로 무엇을 드셨나요?" 라고 물으면, 대부분의 사람들은 즉각 스스로에게 먼저 '내가 어디에 있었지?' 하고 묻는다. 이어서 장소와 그곳에 있었다는 것이 내용을 떠오르게 한다. 일반적인 예를 하나 들자면, "여러분은 9 · 11 사건 당일 어디에 있었지요?" 라고 물을 수 있다.

또 다른 중요한 기억 유형은 암묵적 기억이다. 그 범주 내에는 조건화된 반응과 반사적 · 정서적 · 절차적 기억이 포함된다. 이러한 기억은 운동기억(motor memory), 신체학습(body learning), 습관기억(habit memory)으로 알려져 있다. 암묵적 기억은 학생들의 반응, 행위, 행동으로 표출되고, 신체적 움직임, 스포츠, 무용, 게임, 연극, 역할놀이로 활성화된다. 비록 수년간 자전거를 타지 않았다 해도 보통은 연습 없이 다시 자전거를 탈 수 있다. 절차적 기억은 저장하는 데에 용량 제한이 없고, 회상하는 데에 시간이 많이 소요되지 않으며, 내재적 동기 유발을 거의 필요로 하지 않는다(Bailey, Kandel, & Si, 2004).

우리가 학습하는 것이 처음에는 명시적인 것일 수 있지만, 후에 그 학습은 반사적인 것이 된다. 이러한 기억회로는 다시 정서적 기억(고등학교 때부터 좋아하는 노래, 첫 키스, 자동차 사고 등)과 비정서적 연합기억(나는 뜨겁다고 말하고, 당신은 차갑다고 말한다; 나는 위로 올리라고 말하고, 당신은 아래로 내리라고 말한다; 나는 안에 있으라고 말하고, 당신은 밖에 나가라고 말한다)으로 구분될 수 있다. 나는 당신과 악수하기 위해 손을 내밀지만, 당신은 아무 생각 없이 손을 내미는 경우다. 새로운 학습이 반사적으로 되는 데 단 두 가지 방법이 있다. 하나는 강렬한 감각적 투입(외상, 축하 등)에 의한 것이고 다른 하나는 반복에 의한 것이다. 여러 개의 기억회로가 있다는 것을 알아야 하는 근본적인 이유는 간단하다. 회로가 많다는 것은 기억을 잘할 수 있다는 것이고, 회로를 많이 사용해야 기억을 강화할 수 있기 때문이다.

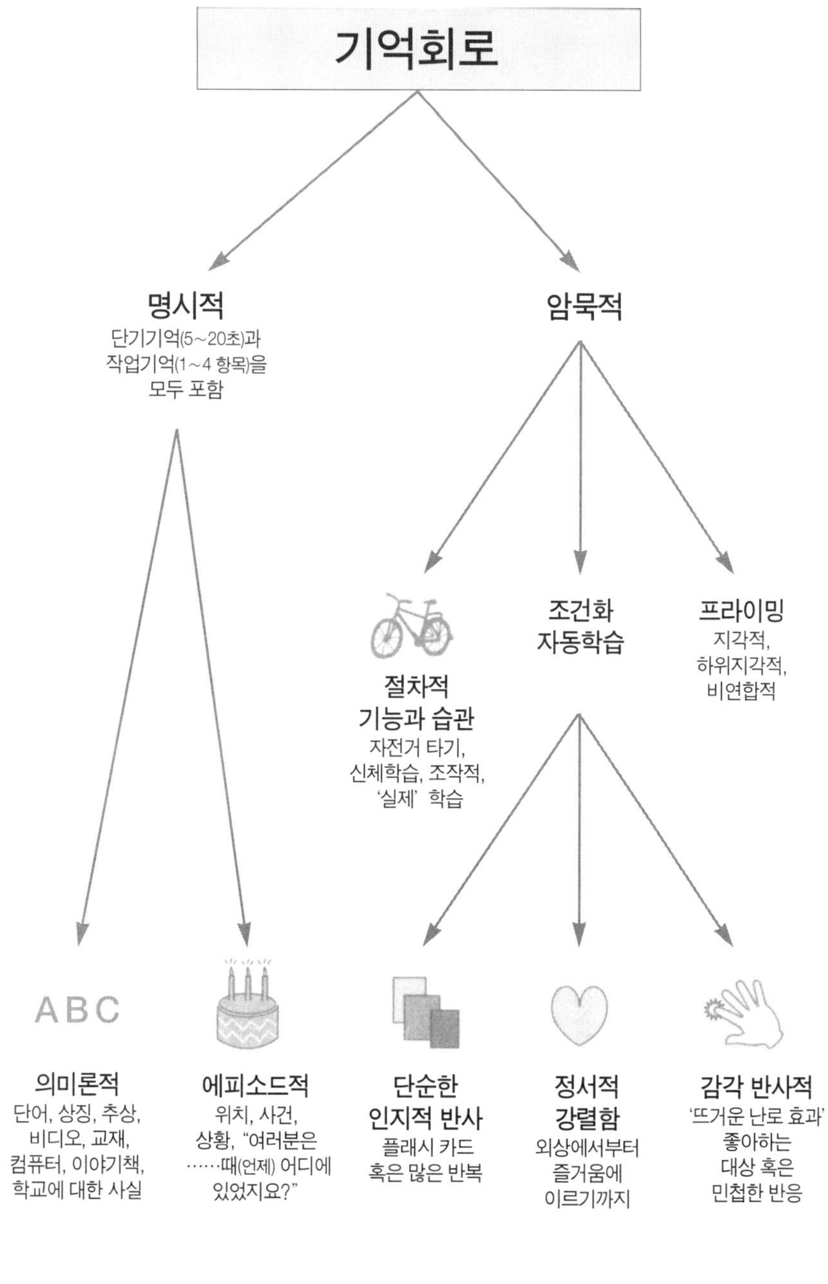
기억회로
명시적
단기기억(5~20초)과
작업기억(1~4 항목)을
모두 포함
암묵적
절차적
기능과 습관
자전거 타기,
신체학습, 조작적,
'실제' 학습
조건화
자동학습
프라이밍
지각적,
하위지각적,
비연합적
ABC
의미론적
단어, 상징, 추상,
비디오, 교재,
컴퓨터, 이야기책,
학교에 대한 사실
에피소드적
위치, 사건,
상황, "여러분은
……때(언제) 어디에
있었지요?"
단순한
인지적 반사
플래시 카드
혹은 많은 반복
정서적
강렬함
외상에서부터
즐거움에
이르기까지
감각 반사적
'뜨거운 난로 효과'
좋아하는
대상 혹은
민첩한 반응

교육자를 위한 제언

원리 6은 무엇보다도 교육자들에게 기억을 부호화하고, 수정하고, 갱신한다는 것을 시사하고 있다. 그러나 우리의 기억 중에는 암묵적인 것도 있다. 다시 말하면, 우리가 그 기억을 알 수도 있지만 알고 있다는 것을 모를 수도 있다는 뜻이다. 놀라운 것은, 우리가 배우고 알고 있는 것의 상당수가 우리에게 가르쳐진 것이 아니라, 그저 '주워 들어 알고 있는' 것이라는 점이다. 습득의 과정은 방대한 양의 자료를 감각기관을 통하여 우리에게 영향을 미치도록 한다. 이것은 수업시간에 포스터, 예시, 역할모델링 및 다른 학생들의 작품을 통해서 전개하는 수업 환경을 만들어야 한다는 뜻이다. 학생들이 정보를 쉽게 회상하지 못한다고 절대로 그것을 모른다고 가정하지 말라. 그 정보가 다른 회로에 저장되어 있을 수도 있다. 학생들이 그 정보를 알고 있는지 다양한 방법을 시도해서 알아보라. 우리의 유연한 기억을 강화하기 위한 몇 가지 방법을 제시하면 다음과 같다.

- 기억을 검색하는 방법

  최대한 생각해 내기 위해 잘못을 고친 다음 여러 회로에 학습한 것을 저장하라. 그런 다음 학습자로 하여금 1시간 이내에 학습한 것을 2~4번 복습하게 하라. 기억을 견고히 하기 위해 다음 날 다시 복습하고, 일주일 이내, 한 달 이내에 다시 복습하도록 하라.

- 의미론적 학습(낱말, 교재, 강의, 그림)

  학생들에게 약어, 핵심어, 주제어, 연상어, 연상기호를 만들고 사용하는 방법을 가르쳐라. 학생들이 읽은 내용과 관련하여 맵핑(mapping)을 하거나, 일지를 쓰거나, 혹은 토론을 하도록 해야 한다. 학생들이 학습한 것들을 여러 개로 범주화하고 분류하도록 도와주고, 학습한 것들을 도식화하거나, 순서도(flowchart)를 그리거나, 그림문자(pictogram)로 나타내도록 하라.

- 에피소드

  학생들이 서서, 바닥에 앉아서, 혹은 책상 앞에 앉아서 학습하게 하라. 교실 밖의 수업, 구내식당에서의 수업, 현장 견학을 통한 수업을 준비하라. 초청 연사를 부르고, 조명에 변화를 주고, 학생들에게 특정 복장을 입도록 하라.

〈죽은 시인의 사회(*Dead Poet's Society*)〉란 영화를 기억하는가? 학생들의 상상력과 정서가 개입되고, 인물과 장소 등 새로운 경험은 쉽게 회상이 되도록 뇌 안에 있는 특별한 기억장치 주소에 등록될 것이다.

- 절차적

학생들이 심화된 학습을 할 수 있도록 움직이게 하라. 움직임, 실제 체험학습, 만들기, 휴식시간의 연장, 드라마, 영화, 역할극 등의 기회를 주어라.

- 반사적

학생들은 여러 차례 반복을 통해 자동화되는 플래시 카드(수업 중 교사가 단어, 숫자, 그림 등을 잠깐 보여 주는 교수용 카드) 형태의 학습은 물론 강렬한 정서의 생산적 개입을 통해서 학습할 수 있다.

- 작업기억의 강화

학생들은 투입 정보를 접한 지 얼마 지나지 않아 거의 대부분을 기억하지 못할 것이다. 그러므로 단기기억 혹은 일시적 기억을 강화해야 한다. 단기기억은 우리의 머릿속에 있는 적은 분량의 정보를 짧은 기간 기억하게 한다. 이는 학생들이 교실에서 활동을 지속하기 위해 매우 중요한 능력이다. 여러분은 여러 가지 방법으로 작업기억을 강화할 수 있다. 첫째, 기억 기능의 훈련은 놀라운 성공을 만들어 낸다. 세계적으로 유명한 기억전문가조차 그들의 작업기억 능력을 강화하기 위해 훈련을 한다. 둘째, 학생들에게 약어, 연상기호 등을 사용하여 잘 기억하도록 하는 기억술을 가르쳐라. 끝으로, 도파민 수준을 높여라. 도파민은 작업기억을 도와준다. 빠른 검토, 축하의식, 교실 주변 걷기와 같은 신속한 전신운동 활동을 통해 도파민 수준을 높일 수 있다(Denenberg, Kim, & Palmiter, 2004; Tanaka, 2002).

- 현실 파악

책의 한 페이지도, 아니 몇 문장도 기억하지 못하는 학생들이 있다. 그런 학생들에게는 책의 한 장(chapter)을 읽으면서, 각 페이지를 읽은 후에 다음 페이지로 바로 넘기지 말고 잠시 멈춰 간단하게 메모를 하도록 하라. 만약 교실 안에서 읽기 활동이 이루어진다면, 한 사람은 책을 읽고 다른 한 사람은 그 내용을 맵핑하는 것과 같이 파트너를 개입시키는 다양한 활동을 전개하라. 설명식 수업을 하고 있다면, 몇 분간 설명을 한 뒤에 학생들이 짝을 지어 재학습할 수 있도록 하라. 만약 학생들이 어려워하면 잘못을 바로잡고 학습을 강화하기 위해 유인물을 이용한 집단 토론 등의 대집단 활동을 추가할 수 있다.

- 다양한 방식으로 반복

학습을 강화하기 위해 시간의 경과에 따라 반복하여 다루어라. 1시간이면 충분하다는 생각을 버리고 매일, 매주 알아야 할 어휘를 미리 알려 준다. 복잡하고 어려운 주제를 다룰 때에는 학생들이 최대한 이해하기 쉽도록 도표, 예시, 모형 등을 활용하라. 학생들이 오개념(misconceptions)을 바로잡고 선행학습에 대한 피드백을 얻을 수 있도록 짝 혹은 조원들과 매일 복습하게 하라.

원리 7: 자원 소모의 원리

학습을 위한 자원을 소모시키는 정서적·사회적·가정적 스트레스 요인을 다루어라.

학습은 신체적 자원이 필요하다

학습자들이 음식물과 학습, 음식물과 기억 간의 관계를 이해하도록 도와주어야 한다. 여러 연구에서 음식과 느끼고 수행하는 방식 간에 명확한 관계가 존재한다는 것을 입증하고 있다. 우리가 먹는 음식에 따라 다양한 화학적 반응이 일어난다. 도파민과 노르에피네프린은 경계경보의 화학물질이고, 세로토닌은 마음을 차분하게 하는 화학물질이다. 단백질만을 섭취하거나 탄수화물을 섭취하기 전에 단백질을 섭취하는 것은 '경계경보의 뇌력(alert brain power)'을 증진시킨다. 반면에 단백질의 섭취 없이 탄수화물을 섭취하는 것은 긴장 이완을 초래한다.

음식물 섭취는 여러 가지 방식으로 학생들의 행동에 영향을 준다. 학생들에게 고정적으로 몸에 좋은 아침식사를 잘하는 방법과 머리에 좋은 점심식사를 챙기는 방법에 대해 알려 주어야 한다. 기숙사 개방 파티에서 음식의 영양에 대해 언급하고 학부모들에게 관련 지침을 제공해야 한다. 좋은 식습관의 본보기를 보여 주고 학교 자판기에 건강식품을 구비하며 급식 담당 직원들과 함께 보다 영양가 있는 음식을 준비하도록 애써야 한다. 인간의 뇌는 78%가 물이다. 탈수가 일어나면 주의 집중, 비판적 사고, 학습 및 기억이 손상된다. 탈수를 막기 위해 학생들이 교실에 물통을 가져오는 것을 허용하거나 학생들이 교실에 들어오기 전에 물을 마시도록 권장하라.

학교에 도시락을 가져오는 학생들 중 80%는 음식물의 영양 상태가 좋지 않다. 그들의 도시락은 곡류, 단백질, 지방, 탄수화물, 기름, 설탕의 질과 비율에 관한 미국농무부(USDA)의 지침을 충족시키지 못하고 있다(Lino, Basiotis, Gerrior, & Carlson, 2002). 학교에서 점심을 사 먹는 학생들은 상황이 더 나쁘다(Wildey et al., 2000). 전체적으로 보아 학습에 완벽하게 도움을 주는 음식물을 섭취하기란 쉽지 않다. 적당한 음식물은 충분한 단백질, 미량의 미네랄, 액체 및 비타민 B를 포함한다. 우리는 탄수화물을 적게 먹으며, 과식을 하지 않고 조금씩 잘라 잘 씹어 먹는 식사 습관을 가질 때에 최상의 학습을 할 수 있다. 학습자들의 학습과 기억에 도움이 되는 중요한 음식물을 섭취하도록 해야 하는데, 좋은 영양물이란 충분한 물, 포도당, 복합 비타민과 미네랄, 저지방의 음식물이다. 일반적으로 단백질은 뇌를 각성시키고, 복합 탄수화물은 장기 에너지를 공급하며, 색이 진한 야채는 산화(노화) 방지 효과를 갖고 있다. 비타민 A, B, E는 기억과 회상에 영향을 주는 것으로 밝혀졌으므로 충분히 섭취하도록 해야 한다(Bellisle, 2004; Kennedy & Scholey, 2000; Maughan, 2003).

• 실제적 제언

- 학부모들과 음식의 영양에 관해 대화를 나누어라.
- 좋은 음식물을 섭취하는 본보기를 제공하라.
- 정크 푸드(junk food; 칼로리는 높으나 영양가가 낮은 인스턴트 식품

등)에 관한 정확한 정보와 그 대안 식품에 대해 설명하라.

- 보다 나은 음식물 섭취에 관한 기사를 전달하라.
- 학생들에게 음식물 섭취와 관련된 영화(예: 〈패스트푸드 네이션(*Fast Food Nation*)〉)와 DVD를 보여 주어라.

정서적 준비성이 중요 관건이다

학생들은 안전감을 느낄 때, 학습에 권한을 부여받을 때, 스트레스를 적게 받을 때, 관련성이 있고 새로운 학습을 선택할 수 있을 때, 적절한 도전감을 느낄 때 학습에 최선을 다한다. 또한 뚜렷한 목적의식을 가질 때, 학습이 이루어질 만한 충분한 강점을 갖고 있다고 인식하고 자신감을 가질 때 더욱 열심히 학습한다. 이러한 모든 것들은 정서적 특성이다. 학생들의 불안은 끊임없이 그들의 처리 기능을 떨어뜨린다(Mogg, Bradley, & Hallowell, 1994). 학생들의 강렬한 정서는 인지적 처리를 해치기 때문에 교사가 의미심장한 위협에 대해 가만히 있으면 사태를 더욱 악화시키게 된다(Simpson, Snyder, Gusnard, & Raichle, 2001). 위협, 구타, 괴롭힘, 비난이 허용되는 교실은 학생들의 학습을 손상시킨다(Wessler, 2004).

학생들을 학습과정에 몰두시키는 방법은 무수히 많다. 어떤 교사들은 학생들이 스스로의 강점을 구축하도록 도와주면서 자신감을 갖게 만든다. 또 어떤 교사들은 학생들과의 관계와 신뢰를 구축한다. 그리고 과거에 많이 사용하던 방법으로 학생들의 호기심을 진작시키는 교사들도 있다.

사/례/연/구

▶ Mrs. Jefferson의 교실

Jefferson은 수년 전에 담임을 맡았던 3학년 학생들이 책을 읽는 것을 무척 좋아했다는 기억을 갖고 있다. 그러나 지금의 3학년 학생들은 책 읽기보다는 비디오 게임에 더 많은 흥미를 갖고 있는 것 같다. 그래서 그녀는 학생들이 선택하여 자유롭게 자신이 쓴 글을 반 학생들에게 읽어 주도록 함으로써 학생들의 동기를 부여하려고 애써 왔다. 그러나 그녀는 여전히 학생들을 보다 정서적으로 관련되도록 하는 문제를 안고 있다. 그녀는 한 가지 아이디어를 제안했다. 그 아이디어는 특이하긴 했지만 시도해 볼 만했다.

그녀는 학생들을 위해 자신이 좋아하는 책 중의 한 권을 골랐다. 그 책은 Tony Abbott(1999)가 저술한 『비밀의 계단과 마법의 카펫(*The Hidden Stairs and the Magic Carpet*)』였다. 이야기의 줄거리는 Eric(내 이름과 같다니 얼마나 우연의 일치인가)이라는 등장인물을 중심으로 전개되는데, 그는 Julie, Neal과 함께 또 다른 세상에 마법의 계단이 있다는 사실을 발견한다.

Jefferson은 학생들에게 책을 읽어 주다가 흥미진진한 장면에서 잠시 멈추었다. 그러고는 학생들에게 "여기서부터 이야기가 어떻게 전개될까요? 누군가가 길을 잃거나 다칠까요? 그렇다면 누구일까요?"라고 질문했다. 그 질문은 정말 학생들이 알고 싶어 하는 욕망을 자극했다. 그러나 그녀는 더 이상의 이야기를 들려주지 않았다. 이제 그것은 학생들이 읽을 차례였다. 무슨 일이 일어났는지 알기 위해 학생들은 스스로 남은 이야기를 읽어야만 했다.

처음으로 시도한 것이었지만, 그녀의 전략은 일부 학생들에게 효과적이었다. 그러나 그녀가 훨씬 더 손에 땀을 쥐게 하는 방법으로 학습을 시작한 후로 점점 더 많은 학생들이 읽기에 빠져들었다. 이러한 과정은 Jefferson에게도 재미난 것이 되었다.

• 실제적 제언

- 열정과 관심을 보인다.
- 수업을 시작할 때 스트레칭 시간을 가져라.
- 반박과 폭력이 없는 안전한 교실 분위기를 조성하라.
- 목표를 설정하고(선택의 기회를 주는 것이 좋다) 계획을 세워라.
- 내용을 개인과 연관시켜라.
- 일지를 쓰고 함께 공유할 수 있는 시간을 별도로 가져라.
- 과정을 단계화하여 작은 단위로 시작하라.
- 학생들에게 피드백을 제공하라(구체적으로, 신속하게, 과제에 대해, 국부적으로).
- 집단의 리더가 있는 소집단 토론을 전개하라.
- 내용을 연관시키고 의미를 갖도록 하라.
- 학생들에게 공부 기술과 기억 도구와 같은 자산을 구축하도록 투자하라.

투입 정보의 제한

어릴수록 우리의 뇌는 자유분방한 환경으로부터 영향을 받기 쉽다. 나이가 들면 우리의 뇌는 기존의 학습을 보존하기 위해 새로운 학습의 습득을 지체하기 쉽다. 많은 뇌의 구조와 과정은 실제로 뇌에 도달하는 새로운 정보의 양을 제한한다. 그러한 구조와 과정으로는 단기적 주의 집중, 응집성의 결여, 학습자의 나쁜 배경을 들 수 있다(McNamara, 2001). 더욱이 우리의 뇌는 기억하는 데에 필요한 단백질의 재순환을 지원하기 위해 영양분을 계속 공급받아야 한다(Frank & Greenberg, 1994). 새로운 내용의 습득을 지체시키는 또 다른 뇌의 과정으로는 작업기억(Cowan, 2001), 불충분한 포도당의 공급, 해마 처리의 지연, 불충분한 수면시간(Wesseling & Lo, 2002), 시냅스의 형성과 접착 시간(Goda & Davis, 2003), 늦은 기억의 통합(Wiltgen, Brown, Talton, & Silva, 2004) 등을 들 수 있다.

학생들이 그들의 머릿속에 간직할 수 있는 내용에는 상당한 한계가 있다는 것을 뒷받침하는 많은 다른 증거가 있다(Callicott et al., 1999; Klingberg, 2000; Lachter & Hayhoe, 1995). 이것은 인지부하이론(cognitive load theory)으로 알려진 정신적 조작이다. 관련 연구에 따르면, 우리가 수업을 통해 전달하는 정보량에 주의를 기울여야 한다(Carlson, Chandler, & Sweller, 2003). 학습이 점진적인 과정으로 이루어지고, 휴식시간이 주어질 때 보다 잘 수행된다는 점을 모든 연구 결과들이 결론적으로 지적하고 있다(Bower, 1987; Colicos, Collins, Sailor, & Goda, 2001). 많은 교사들이 나의 워크숍을 통해 이러한 중요한 사실을 이해하고 학습하게 되었다. 그중 한 예로 워싱턴 주 벤쿠버에 소재한 어느 인문계 학교의 Barbara Mercer 교사의 사례를 들 수 있다. 그녀는 학습에 어려움을 겪고 있어 특별히 개인 교사로부터 맨투맨 지도를 받아야 하는 6~12학년의 학생들을 담당했는데, 그 학생들은 정규 교실에 되돌아가기 전에 학습 속도와 내용을 따라잡을 수 있도록 충분히 도움을 받을 수 있었다.

사/례/연/구

▶ 뇌기반 학습의 실행

우리(동료 교사인 Mike Brasch와 나)는 읽기 부진 학생들에게 빈번한 자기 평가, 개인적 관련성, 개인적 이야기, 맞장구치기, 분위기 전환을 위한 음악, 보다 나은 정신 상태를 유지하기, 충분히 물을 마시고 움직이기, 수업을 시작할 무렵에 스트레칭 하기, 여러 차례의 짝 학습과 소집단 학습의 실시 등을 통해서 그들의 위협을 감소시키는 데에 초점을 두었다. 내가 담당하고 있는 학생들은 뇌가 어떻게 작동하고 있는지를 잘 이해하고, 또한 투입 정보를 공부한 지 20분 후에는 보다 나은 결합을 위해 정리시간이 필요하다는 것과 그 이유도 알게 되었다. 그들은 심지어 다른 교사들에게 보다 나은 결합을 위해 정리시간이 필요하다고 말할 수도 있었다. 그들은 교실 토론에서 어떤 것이 지난밤의 수면 중에 가지를 쳤는지 알기 위해 전날의 정보를 재빨리 '뇌 점검'하고 싶어 했다. 그들은 해마의 역할에 대해 매우 잘 알고 있으며, 그들 뇌의 '매체 전문가'가 지난밤에 저장된 정보를 찾느라 매우 열심이라는 사실에 재미있어 했다. 그들은 이러한 뇌에 대한 정보에 무척 흥미로워하며, 올해 그들의 읽기와 쓰기 기능은 놀라울 정도로 다달이 향상되고 있다.

학습 부진 학생들은 매우 응집성이 있는 교재가 필요하다. 그것이 갖추어지지 않으면 그들은 낮은 수행을 보이게 되므로(McNamara, 2001), 여러분이 채택한 교재가 학습 부진 학생들의 요구에 잘 부합하는지 살펴보아야 한다.

• 실제적 제언

- 나선형 교육, 예습, 반복학습, 복습 전략을 많이 사용하라.
- 휴식시간을 좀 더 자주 가져라. 처리를 위해 기다리고 생각할 시간적 여유를 주어라.

- 정보를 아주 작은 크기로 묶어라.
- 20분 안팎의 원기 회복 낮잠을 자게 하라.
- 미리 조직하고 검토하는 기회를 자주 가져라.

학습 처리의 필요성

학습 처리과정에서 정교화(elaboration) 과정이 중요하다는 것은 간단한 실험을 통해 알 수 있다. 성인에게 8~10분 강의를 한 다음, 짝을 지어 강의를 통해 학습한 것을 서로 이야기해 보도록 하면 대부분은 30~45초간 말하는 것도 어렵다고 느낀다. 이는 그들이 강의 내용 중 받아들인 것이 10% 미만이라는 의미다. 어린 학생들을 대상으로 하면 이보다 훨씬 더 참혹한 일이 발생한다. 여러분의 학습자들은 어떤 내용을 처음 배울 때, 마음속에 대략적인 초안을 그린 다음 매우 약하고 흐리게 표상을 하게 될 것이다. 이러한 개념들이 작업기억에서 해마로 이동함에 따라 스케치 형태로 발전하고 때로는 정신모형으로 발전하게 된다(Johnson-Laird, 1980). 보다 정교하게 처리할 수 있는 시간이 없다면, 학습자들은 학습 내용을 잘 못 이해한 것에 대해 낙담을 하게 된다. 정확한 모형에 보다 근접하기 위해서는 정력적으로 작업하는 시간이 필요하다(Levin, 1988).

사/례/연/구

▶ Mr. Bernstein

가장 최근에 실시된 시험 결과를 자세히 살펴본 Bernstein은 걱정스럽기만 했다. 그의 학생들은 11학년 교육과정을 표면적인 수준에서 이해하는 것 같았다. 그의 세계사 수업은 흥미진진한 자료를 활용하며 진행되었지만, 학생들의 지식 수준은 6학년 혹은 5학년 이하의 수준이었다. 대체로 Bernstein의 수업은 강의식으로 진행된 다음 학생들이 노트 필기한 것을 토대로 소논문을 작성하게 하는 것이었다. 그는 강의식 수업을 줄여야겠다고 마음먹고, 학생들이 세계사 과목을 다른 방식으로 접근하도록 했다. 그의 새로운 수업 방식은 두 가지 측면으로 나누어 볼 수 있다.

하나는 학습 내용을 다르게 분석하는 방법을 학생들에게 가르치는 것이었다. 그는 수업시간에 사용할 몇 가지 사례연구를 발견했지만 더 많은 것들이 필요했다. 그는 사례연구를 여러 각도에서 분석하기 위한 특별한 항목을 학생들과 함께 개발했다. 때로는 학생들이 항목을 완성하기 위해 인터넷 검색으로 더 많은 정보를 수집해야 했다. 이는 학생들로 하여금 자료를 다양한 방식으로 사고하도록 해 주었다.

다른 하나는 학생들에게 여섯 가지 문제를 만들도록 하는 것이었다. 그중 세 가지는 요약 형태로, 세 가지는 보다 상세하게 만들도록 했다. 바로 다음 주 간단한 시험에서 Bernstein은 몇 가지 변화를 확인했다. 첫째는 학생들이 선생님이 자신들이 만든 질문을 사용했는지 알아보기 위해 시험에 대한 기대감을 갖는다는 사실이었고, 둘째는 학생들의 성적이 상승했다는 사실이었다.

다행히 보다 전문적인 지식을 갖고 있는 학생들(극히 드물지만)을 대상으로 하면 훨씬 더 나은 결과를 가져올 수 있다. 이런 학생들은 종종 관련 없는 특징(교재의 크기, 색상, 이상한 모양, 자료의 길이, 외우기 쉬운 단어 등)에 기초하여 스케치 표상을 형성하기보다는 기본적인 원리(방법, 이유, 원인과 결과 등)에 기초하여 보다 강한 정신모형을 발전시킨다. 보다 정교한 이해는 학생들에게 훨씬 더 도움이 되겠지만 쉬운 일은 아니었다(Chi, Feltovich, & Glaser, 1981). 좀 더 전문적인 지식을 갖고 있는 학생들은 대체로 초보적인 지식을 갖고 있는 학생들과 똑같은 방식으로 출발했고, 또한 특징에 초점을 두는 경우도 있었다. 두 부류의 학생들은 모두 기초적이거나 피상적인 이해에 머물렀을 것이다. 매우 어린 아동들을 대상으로 하더라도 정교화와 오류 교정 전략은 학습에 긍정적이고 큰 영향을 미칠 수 있다(Willoughby, Porter, Belsito, & Yearsley, 1999).

정확성을 위한 처리

학생들이 처음에는 학습을 종합적으로 이해하지 못할 것이라는 가정을 세워라. 시행착오의 과정은 학생들로 하여금 잘못된 이해와 정신모형에서 정확한 표상으로 빨리 이동하도록 도와준다. 일반적으로 피드백(feedback)은 많이 주어질수록 좋지만 도가 지나친 피드백은 수행을 해칠 수도 있다(Schroth, 1997). 피드백은 수행된 과제에 대해서 주어질 때 더욱 효과적이다(Goodman, Wood, & Hendrickx, 2004). 즉, 과제의 결과에 대한 정보 그 자체는 교정적 통찰의 기회를 제공해준다(Kluger & DeNisi, 1996; Latham, 1997).

피드백과 오류 교정은 본질적으로 중요하며, 의미 만들기는 무의식적으로 이루어진다(그러나 여러분이 바라는 의미가 아닐 수도 있다). 한 예로, 어떤 학생들은 고대 그리스에 관한 학습이 큰 시간 낭비라고 생각할 수도 있다. 이때 교사는 고대 그리스에 관한 학습을 고안하지 못했거나 학습을 시작할 때 관련성을 짓지 못했음을 알게 된다.

피드백에 대한 연구가 주는 제언

- 약간의 부정적인 피드백을 가미하면서 주로 긍정적인 피드백(35~65%)을 제공하라.
- 포괄적인 피드백("너는 게으르고 믿을 수 없어.")보다는 구체적인 피드백("너

는 5분 늦게 왔어.")을 제공하라.

- 다양한 형태로(문장으로, 구두로, 또래를 통해, 웹을 통해) 피드백을 제공하라.
- 불시에 과제를 부과하는 것을 제한하면서 학습자가 숙달감을 증진시키도록 피드백을 제공하라.
- 경쟁을 부추기거나 상대적으로 비교하는 피드백("너희 반의 순위가 올라갔어!")을 피하라.
- 과제에 초점을 두고 피드백을 하되 국부적이고 구체적인 제안("A와 B의 상관관계 표시는 등식의 오른편이 아닌 왼편에 해라.")에 한정시켜라.

이와 같은 피드백은 학생들에게 학습상의 오류를 교정하는 방법을 찾도록 동기를 유발하는 데에 도움이 된다. 우리는 모두 피드백이 동기 유발의 첫걸음이라는 이야기를 들어 왔다. 이것은 틀린 말이 아니다. 왜냐하면 피드백은 학생들의 동기를 유발하는 기본 요인이기 때문이다. 중요한 것은 학생들이 피드백의 양과 질을 직접 요구하는 학습을 이끄는 것이다. 어떻게 가능할까? 먼저 스스로가 모든 것을 하려고 하지 말고 피드백을 이끌어 내는 활동을 사용하라. 이러한 활동으로 다음과 같은 것들이 있다.

- 또래 교정
- 사고하기, 짝 활동하기, 공유하기, 피드백 구하기
- 시청각 학습, 보고받기
- 모델 구축하기, 모델의 기능화, 다른 모델과 비교하기
- 멘토의 피드백
- 평가를 위한 항목

- 실생활의 결과(어떤 일이 발생했는가?)
- 협동학습
- 가설을 검증하기 위한 모의실험
- 피드백이 뒤따르는 미술 전시회 관람
- 청중의 피드백이 뒤따르는 학생들의 발표
- 경쟁적인 게임
- 보고 반성하고 토론하기 위한 참관학습
- 저자의 특강
- 결과를 측정하기 위한 체크리스트
- 가설을 세워 검증한 후 보고하기

의미를 위한 처리

뇌는 일반적으로 무작위 자료와 고립된 단편적인 사실들을 제대로 학습하지 못한다. 뇌는 끊임없이 발생하는 일의 의미를 찾고자 노력한다. 사실 학생들은 정보를 원하는 것이 아니라 의미를 원하고 있다. 우리의 삶에 대한 의미 추구는 타고난 본능이다. 여러분이 의미를 갖게 만드는 것이 무엇인지 이해해야만 학생들에게 의미를 갖도록 도와줄 수 있다. 우리는 패턴, 정서, 관련성의 세 가지 방식을 통해 의미를 획득한다. 맥락 속에서, 전체 모습 속에서, 실생활 속에서, 학문 간 협동관계 속에서 가장 올바르게 학습한다. 또한 정서와 연관될 때 보다 많은 의미를 갖는다. 대체로 우리의 뇌는 본래의 의미를 추구한다. 학습을 촉매하는 자로서 우리는 의미 추구의 과정을 방해할 수도 있고 촉진시킬 수도 있다. 주요 변인은 다음과 같다.

프레이밍(framing)__ 어떤 학습을 행하는 외적 '이유'다. 어떤 시험을 위해 공부하는 것은 "이 시험에 합격하는 것이 여러분을 대학에 들어가게 하는 비결이다."로 표현할 수 있다.

관련성(relevance)__ 새 정보를 기존의 관련 있거나 가치 있는 다른 정보와 연결하라. 새 정보가 의미를 갖도록 하기 위해 이전의 지식과 연합하는 것이다. 예를 들어, "이 도시는 여러분의 어머니가 태어난 곳이다. 여러분의 어머니가 어떻게 성장했는가를 통해 우리가 무엇을 배울 수 있는지 살펴보기로 하자."처럼 말이다.

정서(emotion)__ 정서적 경험은 우리가 학습한 것을 중요하든 중요하지 않든 관계없이 중요한 것으로 '부호화'한다. 정서는 강도와 방향을 갖고 있다. 즉, 정서는 그 강도 면에서 매우 약한 것에서 매우 높은 것까지 척도화될 수 있으며, 또한 그 방향 면에서 매우 부정적인 것에서 매우 긍정적인 것까지 척도화될 수 있다.

맥락/패턴(context/patterns)__ 고립된 단편적인 정보는 의미를 거의 갖지 못한다. 각 퍼즐 조각은 완성된 퍼즐의 일부에 지나지 않는 것이다. 퍼즐 조각 하나로는 그것이 무엇인지 알 수 없고 퍼즐이 완성되어야만 비로소 알 수 있듯이 보다 큰 패턴을 이해함으로써 의미를 얻게 된다. 맥락과 패턴을 통해 의미를 갖게 하는 학습 활동의 주제로는 지역사회 봉사, 이웃 문제, 건강, 로맨스, 과거의 경험, 복잡한 실생활 등을 들 수 있다.

환경 문제

집에 난방기나 냉방기가 있는가? 휴가를 집에서 보내는가 아니면 밖에서 보내는가? 물고기에게 물이 얼마나 중요한가? 이런 질문은 자신의 가정과 직장의 환경을 얼마나 중시하고 있는지에 대한 반응을 이끌어 내기 위한 것이다. 환경은 개인에게 매우 중요하다. 우리의 뇌는 스트레스 반응, 놀람, 무기력, 호르몬을 유발할 수 있는 환경에 매우 민감하다. 8,000명의 학생들을 대상으로 학교 환경이 학생들에게 미치는 영향에 대해 조사한 한 자문집단(Heschong Mahone Group, 2003)의 연구 결과는 깜짝 놀랄 만한 것이었다. 다음과 같은 것들이 학생들의 성취도에 통계적으로 유의한($P<.05$) 영향을 미치는 것으로 밝혀졌다.

- 이용 가능한 밝은 조명의 양
- 수리해야 할 창문
- 교실 창문의 방향
- 새것이거나 낡은(소음이 있는) 형광등
- 교실에서 눈부심의 정도
- 교실의 온도

환경이 학습에 미치는 전체적인 효과를 수량화하기는 어렵지만, 여러 연구에서 환경이 학습에 상당한 영향을 미치는 것으로 밝혀졌다(Moore & Lackney, 1993; Schneider, 2002). 학교 환경이 학생들의 성공에 미치는 효과는 최저 1~3%, 최고 40~50% 이상인 것으로 추정된다.

• 실제적 제언

- 교실의 조명 밝기를 적절한 수준(적어도 2,000럭스)으로 계속 유지하라. 밝은 조명은 뇌의 송과선(松果腺)에서 분비되는 멜라토닌(melatonin)의 생성을 억제함으로써 졸음을 감소시키는 데에 도움이 된다.
- 교실 방음이 잘 되는지 음향 분석을 하라. 대부분 방음벽 설치가 필요하고, 어떤 경우에는 교사가 사용하는 무선 이동 마이크의 소리를 조절해야 한다.
- 학생들이 오랫동안 어두운 강의실이나 이와 비슷한 환경에 노출되지 않도록 하라. 어두운 환경이 필요할 때는 소량의 배경등(복도나 창문에서 빛이 새어 드는)을 사용하라.
- 교사들이 교실 온도를 조절할 수 있도록 자동으로 조절되는 송풍기, 커튼, 블라인드, 문, 채광창을 갖추어라.
- 가을과 겨울에 햇빛을 받을 기회가 적은 시기에는 학습자들이 적당한 운동을 하도록 해 주어라. 학생들이 자주 현장 견학을 가고, 활발하게 걸어다니도록 하고, 체육관보다는 가급적 교실 밖에서의 체육수업을 실시하라. 물론 교실에서도 충분히 움직일 수 있는 활동을 전개하라.
- 창문 밖의 주의를 흩트리는 요소를 최소화하라. 창문 밖의 식물을 가지런하게 정돈하거나 학생들의 얼굴이 창문 쪽으로 가지 않도록 교실 내부를 배열하라.
- 10월에서 3월 사이 햇빛이 줄어드는 기간에는 가급적 학생들이 자연채광을 최대한 많이 받도록 교실 커튼이나 블라인드를 걷어라.

시간 계획

우리의 뇌는 쉬지 않고 계속해서 입력하도록 설계된 것은 아니다. 사실 투입된 정보를 학습하여 처리한 다음 산책하거나 낮잠을 자는 것이 가장 이상적인 경우다. 생존을 위해 애쓰지 않는 한 계속해서 주의를 기울이고 유지한다는 것은 매우 힘든 일이다. 주의 집중은 오래 가지 않는다. 흥미롭게도 우리의 뇌는 계속해서 주의 집중을 하지 못하고 주의력이 오르내리도록 설계되어 있다. 학생들이 주의력을 갖고 계속해서 집중해야 한다는 생각은 시대에 뒤진 낡은 사고다. 수업에 완전히 집중시킨다는 것은 통계적으로 증명하기도 어려울 뿐더러 학습을 위해서도 좋지 않다. 그 이유가 무엇인가? 휴식시간은 우리의 뇌가 보다 나은 기억을 이끌도록 신경적 결합을 '강화'하도록 해 준다. 휴식시간은 학습자로 하여금 경험으로부터 의미를 창출하도록 해 준다. 성찰 없이 무의식적 수준에서 행해지는 대부분의 학습은 무의식적 수준에 머문다. 여러분은 학생들에게 계속 주의력을 갖도록 할 수도 있고, 혹은 학생들 스스로 의미를 만들도록 할 수도 있다. 그러나 동시에 두 가지 일을 할 수는 없다.

신체 시계는 90~110분 주기로 움직인다. 이러한 낮고 높은 에너지 혹은 긴장 감소와 긴장 확대의 주기는 초일 주기(ultradian)의 패턴이라 불린다. 이러한 이동은 학업 수행에 영향을 미치고(Gordon, Stoffer, & Lee, 1995), 호흡과 에너지 수준의 이동에 영향을 받으며, 학습과 우리 자신에 대한 지각에 큰 영향을 미친다. 일반적으로 말해서, 학습자들은 대체로 늦은 아침과 이른 저녁에 잘 집중하고, 오후 후반에는 학습에 싫증을 나타내기 쉽다. 신체적 활동이나 정서적 개입은 뇌의 정상적 리듬을 변화시킬 수 있다. 신체적 운동과 휴식시간의 통합은 약한 주기성을 변경시키는 가장 좋은 방법이다.

마음과 몸을 결합시키는 방법을 알아보면 다음과 같다. 여러분의 신체는 90~110분의 높고 낮은 주기를 가진다. 학생들이 이러한 주기의 최상에 있을 때, 그들은 훨씬 더 주의 집중을 한다. 반면에 학생들이 이러한 주기의 최하에 있을 때, 에너지는 떨어지고 주의 집중과 학습 수준 역시 떨어진다. 주기를 잘 타는 것을 학습하면 큰 어려움은 없다. 학생들의 에너지가 낮을 때는 조용히 성찰하는 활동을 시키거나 움직임이 수반되는 활동을 계획하라. 그렇지 않으면 학습자들을 기진맥진하게 만들 것이다. 뇌에 초강력 에너지를 발생시키는 신체적 휴식을 주는 것을 학습하면 여러분 또한 에너지를 상승시킬 수 있을 것이다.

• 실제적 제언

- 요구되는 주의 집중 시간을 짧게 하라.
- 학생들이 수업시간에 해야 할 일을 많이 부과하여 바쁘게 움직이도록 만들어라.
- 학습에서 선택할 수 있는 기회를 넓혀라.
- 간단한 스트레칭 활동이나 무용시간을 가져라.
- 관련성, 선택, 개입을 증가시켜라.
- 보다 많은 무의식적 학습을 이용하라(포스터, 인물, 음악, 프로젝트).
- 여러 감각이 개입되는 다양한 학습 경험을 제공하라.
- 뇌를 일깨우는, 좌우를 교차시키는 활동을 이용하라.

휴식을 위한 속도 완화

자원에 굶주린 우리의 뇌는 신경세포의 연접부인 시냅스(synapse)를 연결하고, 학습을 강화하여 결과적으로 단기기억을 장기기억으로 이동시키기 위해 조용한 시간을 이용한다. 신경세포로부터 뻗어 돌출된 축색돌기는 인접해 있는 수상돌기의 표면에 전기화학적 신호를 일으킨다. 새로운 학습을 시작할 무렵에 시냅스의 연결은 매우 불안정하지만 다양한 요인이 기억이 정확하게 확립되도록 시냅스의 연결을 안정시킨다. 축색돌기로부터 신경섬유들이 확장되고 수상돌기로부터 가시 모양의 돌기들이 생기는데, 이것은 시냅스를 연결시킨다. 또한 시냅스에는 잠재된 기억을 촉진하거나 강화하는 코르티솔과 노르에피네프린과 같은 신경전달물질들이 있다. 뇌가 필요한 화학물질, 특히 기억 형성에 필요한 단백질을 재순환시킬 수 있는 속도에는 상당한 한계가 있다(Wesseling & Lo, 2002).

시냅스의 연결을 안정시키는 데에 필요한 시간은 학습의 유형에 따라 각기 다르다. 어떤 기억을 결합하고 확립하며 강화하는 데에 요구되는 시간은 그 기억에 따라 몇 분에서 몇 시간에 이르기까지 매우 다양하다(Dudai, 2004). 단지 사물이 어디에 있는지 기록하고 기억할 경우, 해마의 신경세포들은 안정적인 공간적 표상을 형성하는 데 5~6분밖에 걸리지 않는다(Frank, Stanley, & Brown, 2004). 시냅스가 명시적 학습(explicit learning)을 위해 안정을 갖는 데에 필요한 시간은 대략 15~60분이다. 시냅스 앞부분의 신경섬유들은 안정을 갖는 데에 90분 이상이 요구되며(Hopf, Waters, Mehta, & Smith, 2002), 복잡한 암묵적 학습(implicit learning)과 기능학습을 숙달하기 위해서는 6시간이 요구된다(Shadmehr & Holcomb, 1997). 시냅스는 결합하고 있는 축색돌기와 수상돌기를 한데 묶는 과정인 시냅스 응착을 통해 부분적으로 그대로 남아 있다. 뇌의 부위에 따라 서로 다른 학습이 '충돌하는' 자극을 구성하는지에 대해서는 아직 알려진 바가 없다. 그러나 너무나 많은 정보가 과부하를 일으키는 것은 분명하다. CD에 정해진 용량을 초과하여 정보를 저장할 수 없는 것과 마찬가지로 뇌에 너무 많은 정보를 일시에 입력할 수는 없는 것이다.

새로운 명시적 학습을 제한하는 뇌의 세 번째 영역은 해마(hippocampus)다. 우리가 갖고 있는 기존의 정보를 보존하고 새로운 학습으로부터 내용의 과부하를 막으려는 것이 인간의 자연스러운 본성인 듯하다. 만약 새로운 학습이 정서와 관여되지 않거나 이전의 학습과 관련성이 없고 반복해서 들은 것이 아니라면, 해마는 새로운 학습을 부호화조차 할 수 없을 것이다. 그러나 새로운 학습이 시간의 경과에 따라 반복된다면 기억될 가능성은 점점 커진다(Colicos, Collins, Sailor, & Goda, 2001). 새로운 정보는 작업기억의 경로를 통해 해마에 이동하면서 중요한 추가 정보를 기다린다. 해마는 모든 새로운 명시적 학습을 위한 일시적인 정보 보유와 조직의 영역이 된다. 마치 2개의 작은 C자 모양의 구조로 뇌의 좌우측에 있는 측두엽에 들어 있는 해마는 정보가 장기기억을 위해 피질로 이동하거나 배급되기 전에 몇 시간에서 몇 주간 정보를 보유한다(Wiltgen, Brown, Talton, & Silva, 2004). 해마는 무한한 저장 공간이 아니다. 빨리 학습하지만, 무한한 하드 드라이브(hard drive)가 아닌 순간적인 메모리 스틱(memory stick)과 같다. 사실 뇌에서 해마의 역할은 도서관이라기보다는 파도처럼 밀려오는 정보를 차단하는 안전장치에 가깝다. 해마가 과부화되면 학습되는 양은 매우 적다.

• 실제적 제언

- 학습에 일정한 간격을 두어라. 학습량을 줄이기보다는 학습 단위를 정하고, 계속적이고 계열적이며 통합적인 나선형의 전략과 예습 및 복습 전략을 많이 사용하라.
- 새로운 자료를 제시할 때는 자주 휴식시간을 가져라. 새로운 정보를 잘 동화하기 위해 뇌는 30~60초 정도가 필요하다(Di Vesta & Smith, 1979).
- 정보를 처리하도록 기다리고 생각할 시간을 주어라(Stahl, 1994).
- 낮잠을 자도록 하라. 낮잠은 좋은 것이다(Mednick et al., 2002; Mednick, Nakayama, & Stickgold, 2003)! 만약 낮잠을 자는 것이 불가능하다면, 잠시 눈을 감고 쉬는 것만으로도 놀라운 효과를 볼 수 있다고 연구자들은 제안하고 있다(Maquet, Peigneux, Laureys, & Smith, 2002).
- 학습자가 내용과 과정에 대한 사전 지식을 갖추도록 하라.
- 기존의 학습을 강화하기 위해 계속적인 복습 전략을 사용하라.
- 잠시라도 스트레칭, 성찰하기, 신체 활동을 위한 시간을 제공하라.
- 노트의 한쪽에 기억해야 할 중요한 단어를 기록하도록 하라.
- 학생들이 동일한 학습을 서로 다르게 이해하지 않도록 다양한 교수방법을 구사하라.

반복과 수정

인간의 뇌는 자주 사용하고 자주 반복할수록 기억을 강화한다는 원리에 따라 작용한다. 어디선가, 어떤 방법으로, 누군가가 뇌기반 학습에 반복이 좋지 않다는 이론을 제시하기도 했지만, 그것은 잘못된 것이다. 반복이 뇌에서 결합을 강화한다는 것은 기본적인 것으로서, 이때 반복은 정확해야 한다.

사/례/연/구

▶ Lori Brickley 교사의 복습

Brickley는 캘리포니아 주 포웨이에 소재한 중학교의 매우 훌륭한 교사다. 나는 그녀의 수업에 참관하곤 했는데 이번에는 홍콩에서 온 몇 명의 교육자들과 함께 했다. 우리는 모두 생물학 시간에 교실 뒤편에 조용히 앉았다. 수업은 전에 학습한 내용을 복습하는 것이었다. 학생들은 이번 시간에 학습할 것이 이미 분명히 알고 있는 것이라는 사실에 대해 즐거워했다. 곧 나는 학생들이 그토록 기분 좋아해하고 자신감이 넘쳐 보이는 이유를 알 수 있었다.

수업이 반쯤 흘렀을 무렵, Brickley는 신속하게 복습할 수 있도록 민속양식의 플래카드 뭉치를 꺼내 들었다. 어떤 플래카드는 빈칸을 채워 넣어야 하는 미완성의 문장으로 되어 있고, 또 어떤 플래카드는 간단히 주요 단어나 그림으로 되어 있었다. 놀이와 율동 형태로, 그러면서도 분명한 목적의식을 갖고 그녀는 각 플래카드를 집어 들고 단어나 구절을 읽은 다음 학생들이 따라 읽도록 하거나 그림에 대해 설명했다. 그러고는 학생들이 각자 맡은 역할을 수행하도록 기다렸다. 학생들은 단어를 연상하거나 혹은 빈칸을 채웠다. 외국에서 온 방문객들이 있어서 그런지 처음에는 학생들이 주어진 활동을 진행하지 않고 주저하는 듯했다.

그러나 모든 학생들이 활동에 뛰어들어 제시간에 마쳤다. 주요 단어와 개념에 대한 즉각적인 반복으로 그 의미가 분명해지고, 심지어 방문객에게까지 그 의미가 전달되었다. 간단한 수업이었지만 열정과 새로움이 묻어나는 수업이었고, 과정을 중시하는 수업이었다. 이 때문에 그녀가 가르치는 학생들의 학업성취도는 뛰어나다. 반복은 보다 심층적인 수준의 숙달을 위한 자신감과 토대를 형성한다. 학생들은 스스로 영리하다고 느끼며 시험에 자신감이 생겼다.

'그것은 저장할 가치가 있으니 보존하라!' 라고 우리의 뇌에게 말하는 것은 반복이다. 사실 최근의 연구에서 우리의 뇌가 가장 잘 기억하는 데에는 네 번의 반복이 필요하다고 한다(Goda & Davis, 2003).

반복은 뇌를 신경세포의 얽힌 정글로부터 뜨거운 지성으로 변하게 하며, 상당한 기억을 하도록 만든다. 반복에 대해 저항하는 뇌는 없다. 우리 모두 알고 있듯이 "신경세포는 함께 발화하고 함께 전송한다." 신경 결합이 반복해서 자극을 받으면, 우리는 주의를 기울이게 되고 신경 결합은 더욱 강화된다(Kilgard & Merzenich, 1998). 반복이 효과적이지 못한 경우는 너무 지루하게 반복될 때다. 학습을 잘하는 사람과 그렇지 않은 사람 간의 한 가지 큰 차이는 학습에 투자하는 시간의 양이다(Ericsson, 1996). 학습에 투자하는 시간이 많으면 많을수록 학습의 정도는 높아진다. 학습에 왕도가 있는 것은 아니지만 반복이 학습에 도움을 준다는 여러 가지 이유가 있다.

- 반복은 배경이 좋지 않은 학생과 관련된 어려움을 극복해 줄 수 있다.
- 기존의 기억이 불안정할 때 반복은 그 기억을 안정시키고 강화할 수 있다.
- 많은 학생들은 자주 반복되어야 지금 배우는 내용이 중요하다고 생각한다. 그러므로 반복은 학습의 필요성을 유발한다.
- 학습자들은 처음 배울 때에는 제대로 이해하지 못하다가 반복을 통해 정확하게 이해한다.
- 반복은 학습자의 자신감을 증진시킬 수 있다.
- 우리의 뇌는 동일 과제를 다시 행할 때 에너지를 덜 소모하고, 훨씬 더 효율성을 발휘한다.

• 실제적 제언

- 학생들에게 퀴즈를 작성하도록 하라. 여러 가지 방법이 있는데, (a) 각 소집단에게 종합 퀴즈를 완성하기 위해 3~5개 문제를 만들게 하거나, (b) 각 소집단이 다른 소집단과 교환하도록 15개의 문제를 만들도록 하거나, (c) 모든 학생들이 전체 집단의 구성원들에게 던질 2개의 문제를 만들도록 할 수 있다.
- 학생들에게 문장 한 단락의 학습 내용을 요약하도록 하여 짝과 공유할 수 있도록 하라.
- 학생들에게 도표를 만들게 하라. 여러 가지 방법이 있는데, (a) 학생들이 혼자서 만들거나, (b) 정해진 짝과 함께 플립 차트(역자 주: 한 장씩 넘기게 되어 있는 도해용 카드) 용지에 만들거나, (c) 동료 학생들이 서로 돌아가면서 하나씩 추가하여 마인드맵(mind map)을 만들게 할 수 있다.
- 서너 집단을 만들어 각 집단의 학생들이 복습할 때 운율을 가진 짤막한 문장으로 주요 사항을 요약하도록 하라. 그리고 약간의 무용을 곁들여 학급의 전체 학생들 앞에서 발표하도록 하라.

제 3 부

학교교육의 방향

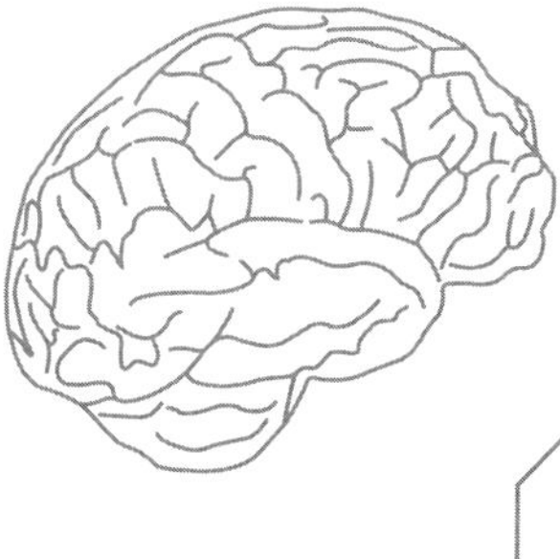

뇌기반 교육과정의 구성과 운영

• 발달단계에 적합한 수업 계획 및 전략

많은 학생들이 현재 그들의 연령에 비추어 너무 일찍 학습을 요구받고 있다. 예를 들어, 미국의 학생들은 뉴질랜드와 덴마크와 같은 세계에서 읽고 쓸 줄 아는 능력이 가장 뛰어난 나라의 학생들보다 1~3년 일찍 읽기 능력에 대한 기대를 받는다.

사/례/연/구

▶ 곤란을 겪는 학생

Alejandro는 호감 가는 입학생이었다. 입학 첫날부터 담임교사와 다른 동료 학생들은 그의 미소와 활기에 매혹되었다. 그러나 얼마 되지 않아 그는 곤란을 겪는 학생이 되어 버렸다. 소집단 협동학습에서 그는 풀이 죽어 보였고 집단에 도움이 되지 못했다. 곧 다른 학생들은 그와 접촉하는 것을 꺼리기 시작했다. 다른 모든 수업 활동에서도 그의 참여를 꺼리는 종속 효과(cascade effect)가 발생했다. Alejandro는 학교의 모든 활동과 계속되는 주의력에 대한 요구에 약간 탄환 충격(shell shock)을 받은 것 같았다. 그의 담임교사인 Templeton은 몇 가지 아이디어를 고안해 냈다. Alejandro, 그의 부모님, 학교 카운슬러와 각각 따로 만난 다음 다시 모두가 함께 만나 협의를 가진 후에 자료를 모두 모았다. 담임교사는 다음 두 가지 중에서 하나를 선택하는 것이 좋겠다고 생각했다.

하나는 Alejandro가 좀 더 성숙해질 때까지 한 학년을 유보시키는 것이었다. 이것은 그에게 학습을 성공적으로 수행하고 스트레스로부터의 어떤 영구적인 영향을 막기 위한 보다 좋은 기회가 될 것이다. 다른 하나는 학급의 규모가 좀 더 작은 근처의 다른 학교에 전학시키는 것이었다. 이를 통해 교사에게 충분한 주목을 받도록 하고, 수행에 대한 압력을 감소시킬 것으로 보였다.
Alejandro는 결국 같은 학교의 저학년 학급으로 배치되었다. 그 학급은 Suarez라는 여교사가 담당하는 소규모 학급이었다. 새로운 담임교사는 Alejandro에게 책을 읽도록 강요하지 않고 그 대신 그가 좋아하는 단어와 어휘, 흥미로운 이야기에 집중하도록 했다. Alejandro는 새 학급에서 학습하면서 자신감이 되살아났다. 그리고 12개월 후 그는 읽기를 잘할 수 있었다.

• 문화적으로 적합한 교육과정(일반적이면서 구체적인)

대부분의 교실에서 학생들의 문화에 적합한 수업이 진행되지 않고 있다. 예를 들어, 라틴 아메리카계가 미국 전체 인구의 20%를 차지하고 있지만, 미국의 교사들은 라틴 아메리카 문화에 적합한 것이 무엇인지 좀처럼 생각해 보지 않는다.

• 통합적이고 간학문적인 자료

상당수의 학습 내용이 너무나 구분되어 있다. 많은 단원을 흥미를 증진하기 위해 여러 교과목에서 동시에 가르칠 수 있다.

• 학생 및 교사와 관련 있는 수업

많은 학생들이, 특히 중등학교 학생들이 실생활과 거의 관련이 없는 수업을 받고 있다. 단지 직업교육을 받는 학생들만이 실제 그들의 생활과 관련이 있는 것을 다루고 있을 뿐이다.

• 성 차이에 대한 인식

남녀의 상호작용에 비추어 볼 때, (a) 초등학교에서는 혼성그룹, (b) 중등학교의 모든 주 교과 시간에서는 동성그룹, (c) 모든 선택교과 시간에서는 혼성그룹이 좋다.

• 사회적 · 정서적 교육

사회적 · 정서적 기술은 삶의 주요 기술이며, 따라서 모든 학년 수준에서 가르쳐야 한다. 질 높은 사회적 기술에 특별히 강조점을 두어야 하는데, 이는 관계를 형성하고, 갈등을 원만하게 해결하며, 직업을 구하는 데에도 도움이 된다.

• 영양 및 보건에 대한 정보

영양 및 보건에 대한 정보는 건강, 체중, 인지, 기억 및 기분에 영향을 미친다. 모든 학생들은 음식물의 영양과 그것이 우리의 뇌와 신체에 어떤 영향을 미치는가에 대해 이해할 수 있어야 한다. 학생들에게 필요한 약물과 독소에 대한 인식을 분명하게 심어 주도록 한다.

• 음악, 무용 및 미술 조기교육

조기 예능교육이 인간의 생물학적 · 정서적 · 사회적 · 인지적 발달을 강화한다는 증거는 많다. 예능교육은 최소한 모든 교육과정의 10%를 차지해야 한다.

• 학습방법의 학습 기술

학생들이 실제로 (a) 계획과 목표의 우선순위를 정하는 방법, (b) 공부하는 방법, (c) 기억술, (d) 노트 필기하는 방법, (e) 조직화 기술, (f) 기타 많은 방법과 기술에 대해 알고 있다고 가정하지 말라. 만약 여러분이 이러한 것들을 가르치지 않는다면 누가 하겠는가?

• 일상적인 신체 활동

매일 신체적 활동을 하는 것이 긍정적인 가치가 있다는 중요하면서도 많은 증거가 있다. 일상적인 신체 활동은 스트레스를 감소시키고, 인지 활동을 촉진하고, 유연성을 증진시키고, 뇌의 화학적 작용(기분)을 안정시키며, 보다 많은 뇌세포가 성장하도록 도와준다. 만약 일상적인 신체 활동을 줄인다면, 시험 점수는 낮아질 것이다.

이러한 모든 교육과정상의 개념을 행정가들이 교육과정에 반영하도록 해야 하며, 교사와 학생들은 솔선하여 실천해야 한다.

시험을 성공적으로 치르는 전략

우리는 시험에서 학생들이 받아야 할 점수보다 더 높은 점수를 획득할 수 있다고 보장할 수 없다. 그러나 모든 단계가 적절하다면 학생들이 수행해야 하는 것보다 더 낮은 수행을 보이지는 않는다고 보장할 수 있다. 내용학습은 하나의 분명한 단계지만, 앞에서 열거한 다양한 제안을 반드시 사용해야 한다. 무엇보다도 학생들은 앞에 소개된 학습단계를 순서대로 밟아 나갈 필요가 있다.

- 습득
- 정교화
- 시행착오에 의한 교정
- 의미 만들기
- 기억 도구
- 휴식 및 처리 시간
- 기억을 강화하기 위한 복습

학생들은 실제 시험처럼 동일한 장소에서 시험에 대한 스트레스를 겪으면서 최종 시험 정리를 하는 것이 가장 좋다. 학생들은 (a) 빨아먹는 박하사탕이나 (b) 설탕이 첨가된 껌과 같은 기억촉진제가 필요하다. 뇌는 포도당을 필요로 하기 때문이다. 박하사탕이나 설탕이 첨가된 껌은 복습할 때 알고 있는 내용의 기억과 연계되는 어떤 냄새와

맛을 상기시킨다(Barker et al., 2003).

만약 어떤 특정한 상태를 어떤 자극(소리, 광경, 냄새 등)과 연계한다면, 그 둘은 연계되어 하나가 다른 하나를 상기시킨다(LaBar et al., 2001). 시험을 치를 때 필요한 자신감이 어떻게 작용하는지 살펴보기로 한다. 자신감이 작용하는 데에는 세 단계가 있다. 첫 번째 단계는 교실에서 최초의 학습과정이 시작된다. 이 단계에서는 박하사탕을 절대로 사용하지 말라. 두 번째 단계는 복습과 예행연습의 단계다. 이 시점에서 학생들은 보다 자신감을 갖게 되어 학습 내용을 잘 익힐 수 있다. 학생들이 자신감을 가진 상태에서 알고 있는 것을 복습하는 이때 박하사탕을 꺼내어 빨도록 한다. 세 번째 단계는 실제로 시험을 치르는 것이다. 시험을 치를 때 학생들이 두 번째 단계에 가졌던 긍정적 상태를 불러일으키도록 그들에게 박하사탕을 준다. 그 외에도 시험을 잘 치르도록 하기 위한 뇌기반 전략이 많다. 실제 시험을 치르기 전에 학생들이 잠시 활발하게 걷도록 하는 방법이 있다. 그 이유는 무엇인가? 신체적 활동은 주의력과 작업기억에 도움이 되는 뇌의 화학작용을 일으키는데(Chaouloff, 1989), 주의력과 작업기억은 모두 시험에서 좋은 점수를 받는 데에 필요한 것들이다.

많은 학교에서 이미 이러한 전략들을 성공적으로 사용하여 왔고, 학생들은 능력에 걸맞는 최상의 시험 점수를 나타내고 있다. 이러한 전략들은 학생들이 능력을 초과하여, 즉 그들이 실제로 알고 있는 지식보다 그 이상으로 좋은 점수를 받게 할 수는 없다. 그러나 학생들이 능력 이하의 수행을 하지 않도록, 즉 그들이 받을 수 있는 점수보다 낮은 점수를 받지 않도록 도움을 준다.

사/례/연/구

▶ **시험 준비**

"우리 학교의 가장 큰 자랑은 버지니아 주 학습기준 달성도 시험에서 좋은 성적을 거두고 있다는 것이다. 동일 학년의 모든 학급 학생들이 시험이 시작되기 전 30분 동안 운동을 하기 위해 오전 8시 15분에 체육관에 모인다. 체육관은 3개의 영역으로 구분되어 있다. 한 영역은 트랙을 돌며 걷거나 조깅하는 곳이고, 다른 두 영역은 트랙 안에서 에어로빅과 같은 활동을 하는 곳이다.

3~4분 동안 모든 학생들은 빠른 박자의 음악에 맞춰 간단한 동작을 한다. 그리고 20분 동안 세 영역을 돌면서 해당 운동을 한 후 모든 학생들이 체육관 바닥에 앉아 긴장을 풀어 주는, 각자 자신에게 알맞은 스트레칭과 좌우 교차 운동을 한다. 마지막 5분 동안 학생들은 느린 박자의 고전음악을 듣는다. 끝으로 학생들은 각자의 교실로 돌아가 시험이 시작되기 전 휴식시간에 물을 마신다.

담임교사와 행정가들은 시험을 치르는 동안 학생들의 주의력이 증가한 것에 대해 매우 만족해하고 있다. 그들은 학생들이 더 오래 과제에 집중하고 매달리게 되었다고 보고했다. 또한 학생들이 더욱 긴장을 완화시키고 시험에 대한 불안을 덜 갖는다고 했다. 모든 것에 감사할 따름이다."

– 버지니아 주 스털링에 소재한 길포드 초등학교의
Mark Pankau 교장

학교체제의 변화

뇌기반 학습을 자신의 교육과정에 성공적으로 실천했다면, 학교 전반에 뇌기반 학습을 성공적으로 실천해 보고 싶을 것이다. 이 과정에서 직면할 수 있는 몇 가지 문제점이 있다.

- 다른 교사들은 여러분이 원하는 방향으로 나아가지 않으려고 할 수 있다.
- 어떤 교사는 결과가 좋지 않은 경험을 갖고 있을 수 있다.
- 어떤 교사는 새로운 패러다임에 대해 그 타당성을 이해하지 못하거나 고취되지 않을 수 있다.
- 다른 교사들은 자신들이 과거에 해 온 일을 가치가 없는 것으로 만들지도 모른다는 불안감을 가질 수 있다.
- 학부모, 학교 이사회, 행정가, 지역사회의 지원이 부족할 수 있다.
- 교사들은 변화에 대해 생각해 볼 시간적 여유가 충분하지 못하다고 느낄 수 있다.
- 우선순위와 적용해야 할 프로그램에 있어서 많은 갈등이 있을 수 있다.
- 뇌기반 학습의 실천과정을 위한 피드백이나 책무성이 부족할 수 있다.
- 뇌기반 학습의 실천과정을 위한 충분한 자원이나 사후 점검이 부족할 수 있다.
- 교사들은 충분하지 못한 인식과 축하의식의 부족으로 낙심할 수 있다.

전체 구도의 분석: 변화는 이루어진다

변화는 개인, 사회, 문화, 정치 및 전 조직에 걸쳐 여러 수준에서 일어나며, 심지어 우리가 알지 못하는 사이에 일어나기도 한다. 일단 자신의 환경과 철학을 변화시키고 매일 매 순간 뇌기반 학습에 대해 다른 사람들에게 이야기한다면, 그들이 직접 도움을 줄 수는 없다 하더라도 뇌기반 학습의 실행에 대해 주목을 하게 될 것이다. 눈덩이가 내리막을 구르며 점점 커지듯이 뇌기반 학습에 대한 인식도 눈덩이 효과를 볼 수 있을 것이다. 무슨 일이든 하는 것만큼 결과가 뒤따르게 마련이다.

변화는 보통 점진적으로 이루어진다. 그래서 그 변화를 잘 감지하지 못하지만 변화가 일어나는 것은 분명하다. 우리의 뇌는 새로운 패러다임을 당장 받아들이는 데에 취약하지만, 시간이 지나면서 어떤 개념을 받아들이거나 어떤 모형을 구축하는 데에는 뛰어난 능력을 발휘한다. 따라서 체제 변화를 꾀하는 데에는 시간이 걸린다. 그 사이에 각자는 꾸준히 다음과 같은 일을 수행하도록 한다.

- 자신의 신념에 대한 확인
- 제한하고 있는 제도적 문제에 대한 확인
- 자신의 교육과정에 있어서의 목적, 접근방법, 내용, 절차에 대한 재설계
- 자신의 학습에 적용, 자신의 현장연구 수행
- 전체 구도를 분석하고 장기 계획 수립
- 의미 있는 변화를 위해서는 시간이 걸린다는 것을 인식

실행연구의 시행

실행연구(action research)는 뇌기반 학습에 관한 지식을 자신의 교실이나 학습 환경에 적용하는 것을 의미한다. 실행연구를 시행하는 데 다음을 명심하도록 한다.

수업

여러분의 교수방법은 융통성이 있고, 개별화를 지향하고, 여러 학습 양식에 기초하고 있고, 새로우며, 흥미로운가? 여러분은 학생들에게 팀을 짜서 공부하도록 요구하는가? 여러분이 내는 과제는 재미있고, 현실적이고, 복잡하며, 값진 것인가? 학생들이 매일 많은 피드백을 받도록 해 주고 있는가?

교육과정

여러분의 교과는 서로 연관되고, 통합적이고, 간학문적이며, 발달단계에 적합한가? 교육과정은 주기적으로 여러 각도에서 검토되고 있는가? 세부 사항은 물론 전체 구도를 제시하고 있는가? 학습과정과 학습방법을 배우는 데 강조를 두고 있는가? 삶의 기술에 관한 학습과 정서교육을 포함하고 있는가?

환경

여러분의 교실은 다양한 좌석 배열과 온도 조절이 가능하도록 구성되어 있는가? 음악, 다양한 조명, 풍부한 시각자료 및 향기를 사용하고 있는가? 여러분의 교실에 식물이 있는가? 만약 여러분의 교실에 애완동물이 있다면, 그 동물들은 잘 보살펴지고 있는가? 여러분의 교실은 모든 개인을 존중하고, 위협이 없는 안전한 환경이며, 교사의 지시에 따른 규칙이 유지되고 있는가?

평가

여러분의 평가방법은 학습자 개개인의 특성을 고려하고 있는가? 정해진 학습의 양보다는 시간의 경과에 따른 학습을 평가하고 있는가? 평가과정에 정서적 성숙도 및 다중지능이 포함되어 있는가? 동료평가와 개별평가를 위한 구조를 세우고 있는가? 전통적인 유형의 검사, 상대적인 비교, 정상분포곡선에 의한 상대평가를 제거했는가? 평가과정에서 정신모형을 강조하며 학습자에게 어느 정도 선택의 기회를 주고 있는가?

학습 공동체

이 책에서 개괄적으로 설명한 뇌기반 학습의 방법들을 사용하는 학교 혹은 '학습 공동체(learning community)'는 뇌기반 학습의 방법을 사용하고 있지 않은 학교 혹은 학습 공동체보다 일관되게 더 성공적이다. 여기서 성공적이란 것은, 학생들이 중도에서 탈락하는 수가 적고, 학교생활을 보다 즐기고, 기꺼이 모험과 위험을 감수하려고 하고, 스스로 생각하며, 창의적이라는 것이다. 또한 학생들이 학습방법을 알고, 학습을 좋아하며, 많은 학습 기술을 적용한다는 것을 의미한다. 학교는 학습 조직(learning organization)이 되어야 한다. 여러분의 학교를 학습 공동체로 변화시키는 과정에서 다음의 학교 주주들(shareholders)을 고려해야 할 것이다.

학부모

학부모에게 여러분이 행하고 있는 것을 전달하고 협조를 구하고 있는가? 학부모가 뇌기반 학습의 기본 원리를 이해하고 있는가? 학부모는 여러분이 노력한 결과를 알고 있는가? 학부모가 초청 연사, 자원봉사자, 기부자로서 교실에 참여하고 있는가? 가족을 지원하고, 자녀들에게 긍정적 피드백을 주고, 자녀들이 학업에 몰두하도록 하고, 풍부한 탐색의 기회와 위험 요소를 관리하는 가정 환경을 조성하도록 학부모를 격려해야 한다.

교사

여러분은 교사들이 상호 지원하도록 하고 있는가? 모든 교사들은 각각의 교사가 갖고 있는 최고의 아이디어를 알고 있는가? 다른 교사들의 제안, 피드백, 질문에 대해 열린 자세를 취하고 있는가? 학교에 교사들을 위한 공식적·비공식적 지원체제가 갖추어져 있는가? 공동의 집단 비전(collective vision)을 형성하고 있는가?

학생

학생들이 의사결정의 과정에 참여하고 있는가? 여러분은 학생들이 추구하는 목표에 적합한 환경을 조성해 주고 있는가? 교실에서 학생들이 자유롭게 움직이고, 학생들이 원할 경우 짝 혹은 그룹을 지어 공부하도록 허용하고 있는가? 학생들은 언제나 학습 조직의 중요한 구성원으로서 존중되고 있는가?

지역 인사

여러분의 교실이나 학교에 관한 이야기를 이슈화하기 위해 여러 지역 인사들을 찾아보았는가? 지역 인사들을 학교 개방일이나 특별한 프로젝트 발표와 전시가 있는 날, 학교 행사가 있는 날 초대하고, 또한 초청 연사로 모실 수도 있다.

학교 및 지역교육청 직원

다른 사람들이 현재의 교육 상황을 어떻게 느끼고 있는지 알아보아야 한다. 여러분의 학교와 지역교육청의 행정가에게 그들의 관할 내에서 현재의 교육체제가 어떻게 움직이고 교수와 학습이 어떻게 이루어지고 있는지 질문해 보았는가? 자신이 배운 것을 그들과 함께 나눈 적이 있는가? 그들은 뇌기반 학습 전략에 대해 잘 알고 있는가? 그들은 좀 더 많이 배우고 싶어 하는가? 여러분의 조직이 어떤 쓸모없는 정책에 얼마나 많은 예산을 어떤 이유로 투자하고 있는지 확인해 본다.

21세기의 학습 조직은 어떤 일을 행하든 반드시 최상의 방법을 알아야 할 필요는 없을 것이다. 그렇지만 장차 그 최상의 방법을 학습하는 방법은 알고 있어야 할 것이다. 교육자들은 뇌에 적대적인 것이 아니라 뇌에 친화적인 교육 환경을 만드는 데 적극 관여하게 될 것이다. 앞으로 학교 직원들은 자유롭게 아이디어를 나누고 솔직하게 이야기하며, 개인 간의 차이를 존중하고, 그들이 하는 일에 대해 즐거워하며, 학생들의 성공에 기뻐할 것이다. 이것이 여러분이 일하고 싶은 바람직한 일터가 아니겠는가?

다음엔 무엇인가

여러분은 배고픈 학습자다! 이제 그 배고픔을 채워야 할 시간이다. 다행스럽게도 오늘날 우리는 교육정책을 개념화하고, 계획하고, 실행하는 방법에 극적이고 강력한 변화를 이루기 위한 충분한 혜안을 갖고 있다. 연구가 항상 패러다임을 전환시키는 구체적인 형식이나 구조를 제공해 주는 것은 아니지만, 분명한 것은 우리가 스스로 그 형식이나 구조를 충분히 간파해 낼 수 있다는 것이다.

물론 이 책은 변화를 위한 상세한 청사진을 제시할 목적으로 만든 것은 아니다. 전문가들도 벅찰 정도로 매우 빠르게 연구 결과들이 제시되고 있다. 그러나 보다 많은 연구를 기다리지 말라. 연구는 그저 계속해서 진행되고 그 결과는 우리에게 제시될 것이다. 여러분이 오늘 행할 수 있고 다음 단계에서 취할 수 있는 것, 즉 자신의 실행연구를 실천하는 것이 바람직하다. 그 과정에서 참고할 수 있는 많은 부가적인 자료가 있을 것이다.

여러분이 뇌와 뇌가 좋아하는 학습방법에 대한 여행을 계속하는 데 행운이 있기를 바란다. 그리고 이러한 흥미로운 여행에 첫발을 내디딘 것을 축하한다.

부록 A

뇌기반 교육 자료와 지원

『뇌기반 전략(*Brain-Compatible Strategies*)』_Eric Jensen

의도적으로 뇌가 주의력, 동기, 학습, 의미, 전이를 증진시키는 데에 개입하도록 교실에서 쉽게 활용할 수 있는 500개 이상의 전략을 다루고 있다. corwinpress.com에서 구입할 수 있다.

『뇌기반 학습(*Brain-Based Learning*)』_Eric Jensen

훈육, 지능, 기억, 주의력, 학습 및 환경에 관한 새로운 접근방법들을 다룬 완결판이다. 모든 교사와 행정가 및 연수담당자를 위한 매우 상세하면서도 실제적인 책이다. 참고문헌이 소개되어 있고, 활용하기 쉬우며, 예시가 잘 되어 있다. corwinpress.com에서 구입할 수 있다.

『뇌는 어떻게 학습하는가(*How the Brain Learns*)』_David Sousa

베스트셀러로서 뇌기반 학습에 관한 핵심적인 사항과 그러한 지식을 교실에서 실제 어떻게 적용할 것인지를 보다 자세하게 다루고 있다. David Sousa는 교사이자 행정가다. 이 책은 corwinpress.com에서 구입할 수 있다.

뇌기반 교육 워크숍과 연수

Eric Jensen은 뇌기반 교수와 학습에 관한 워크숍과 심층적인 연수 프로그램을 실시하고 있다. 실제적인 이와 같은 워크숍과 연수과정은 비용 효과가 크고, 장기간에 걸쳐 이루어지며, 학교나 지역교육청에서 실시하는 교내 혹은 사내 연수를 위한 자료를 제공한다. (888) 638-7246으로 전화하거나 사이트 www.jensenlearning.com을 방문하면 연수 일시와 장소 및 기타 정보를 알 수 있다.

러닝 브레인 엑스포

세계 최고의 전문가들이 새로운 뇌 연구의 결과를 학습, 사고, 마음 수련, 미술, 기억, 교육과정, 체육교육, 평가, 동기, 음악 등에 관련시킨 작품을 발표 · 전시하는 엑스포에 참석하여 보고, 듣고, 경험하라. 3일 동안 흥미진진하게 진행되는 컨퍼런스에서 선택의 기회를 무궁무진하게 가질 수 있다. 컨퍼런스에 관한 팸플릿이 필요하면 (888) 638-7246으로 전화하고, 보다 자세한 사항을 알고 싶으면 사이트 www.brainexpo.com에 접속하면 된다.

부록 B

뇌에 관한 용어 설명

감마아미노낙산(GABA)_ gamma-aminobutyric acid의 축약어다. 이 신경전달물질은 억제 및 차단 작용을 한다. 이러한 화학적 작용이 없다면 발작할 때처럼 신경세포(뉴런)들이 무차별하게 발화할 것이다.

기저핵(nucleus basalis)_ 중뇌 아래쪽에 위치하고 있다. 이 조직은 학습 및 기억과 밀접한 관련이 있다. 기저핵이 활성화되면, 나머지 뇌 영역에 학습되고 있는 것이 중요하니 저장하라고 명령을 내리게 된다. 기저핵은 편도와 피질에 자기 생각을 전달하며, 기억을 강화하기 위해 아세틸콜린을 방출한다.

노르에피네프린(norepinephrine)_ 에피네프린의 자매 호르몬(노르아드레날린과 같은 것)이다. 노르에피네프린은 흥분성의 신경조절자로서 주로 각성 상태에 관여하며, 긴급하거나 위험한 상황에 직면했을 때 혹은 흥분되었을 때 유발된다('아이쿠!' 라는 단어를 생각해 보라).

뇌 지배성(lateralization)_ 좌뇌와 우뇌 중에서 어느 한쪽의 뇌를 훨씬 더 많이 사용하여 기능적으로 활동이 많은가를 가리킨다. '상대적 뇌 지배성'이란 용어가 좀 더 정확한 표현이다. 왜냐하면 통상적으로 좌반구와 우반구를 최소한 어느 정도는 동시에 사용하고 있기 때문이다.

뇌간(brain stem)_ 척수의 위쪽에 위치하고 있다. 뇌의 중앙과 아래쪽, 좌우 뇌반구를 연결한다. MacLean의 예전(지금은 시대에 뒤떨어진) 삼위일체 모형에서 하등의 뇌 혹은 파충류의 뇌로 종종 불렸다.

뇌교(pons)_ 뇌간의 꼭대기 근처, 중뇌의 위쪽에 위치하고 있다. 뇌교는 감각 정보를 중계해 주는 중요한 정거장이다.

뇌량(corpus callosum)_ 좌반구와 우반구를 연결하는 2억 4,000만 개의 백질(white-matter)의 신경섬유 다발이다. 뇌의 중간 윗부분, 피질 아래, 중뇌 영역의 위에 위치하고 있다.

대뇌(cerebrum)_ 뇌의 가장 크고 주요한 부분으로서 좌반구와 우반구로 이루어져 있으며 전두엽, 두정엽, 측두엽, 후두엽을 포함한다. 대뇌에 중뇌, 소뇌, 뇌간은 포함되지 않는다.

대뇌피질(cerebral cortex)_ 대뇌의 맨 꼭대기 층에 위치한 1/4인치 두께의 신문 크기다. 대뇌피질은 주름이 져 있고, 6개 층의 피하로 되어 있으며, 뇌세포(뉴런)로 꽉 차 있다. cortex는 '껍질(bark 또는

rind)'이라는 뜻을 가진 라틴어다. 외부에서 살펴보면 대뇌피질은 뇌의 꼭대기 2/3 부분을 덮고 있다.

대상회(cingulate gyrus)__ 중뇌 영역과 위쪽 이마 사이에 바로 놓여 있다. 피질과 중뇌 조직 사이의 의사소통을 중재하고 옳고 그름, 의사결정 및 정서에 관여한다. 하나의 마음-몸 상태에서 다른 마음-몸 상태로 이동하는 것을 도와준다.

도파민(dopamine)__ 주로 긍정적인 기분이나 감정을 일으키는 데에 관여하는 강력하면서도 일반적인 신경전달물질이다. 도파민은 단백질에서 합성되며, 작업기억과 운동에 기여한다. 파킨슨병(Parkinson's disease)을 앓고 있는 환자들은 통상적으로 도파민이 부족하다. '야호!'라는 단어를 떠올림으로써 도파민을 기억하라.

두정엽(parietal lobe)__ 상뇌 영역 중에서 맨 위에 위치하고 있다. 대뇌의 중요한 네 영역 중의 하나다. 두정엽은 몸의 반대쪽 부분으로부터 들어오는 감각 정보를 수용하는 일을 담당한다. 또한 읽기, 쓰기, 언어 및 수 계산과 관련된 역할을 한다. 이 영역은 '서커스' 영역(감각적, 공간적, 운동적)이다.

망양체(reticular formation)__ 뇌간의 꼭대기, 뇌의 중간 아랫부분 근처에 위치하고 있는 작은 조직이다. 망양체는 주의력, 각성, 잠에서 깬 의식을 담당하는 조절자다.

미엘린(myelin)__ 축색돌기를 덮고 있고 절연시키는 지방성의 백색 보호물이다. 미엘린은 세포(뉴런)를 보다 효율적으로 만들어 12배나 더 빨리 이동하도록 도와줄 수 있다. 전기 코드를 덮고 있는 고무로 생각하면 된다.

바소프레신(vasopressin)__ 시상하부에서 합성되는 스트레스 관련 호르몬이다. 혈관 수축, 혈압 조절, 물의 보존, 기억 및 고통과 상호 관련이 있다.

베르니케 영역(Wernicke's area)__ 두정엽과 좌측 측두엽의 상부 뒤쪽 가장자리를 가리킨다. 베르니케 영역에서 사고가 언어로 전환된다.

변연계(limbic system)__ 1950년대 Paul Maclean 박사가 만들어 낸 구용어다. 변연계는 시상하부, 편도, 시상, 뇌궁(fornix), 해마, 대상(cingulate)을 포함하는 중뇌 영역에서의 일군의 연결된 조직이다. 많이 사용되지 않는, 약간 시대에 뒤진 용어다.

부신 피질 자극 호르몬(ACTH)__ 스트레스와 관련이 있는 이 호르몬은 뇌하수체(pituitary gland)에서 분비된다. 우리가 손상을 입거나, 정서를 느끼거나, 고통을 당하거나, 병균에 감염되거나, 기타 외상을 경험할 때 조직 속으로 방출된다.

브로카 영역(Broca's area)__ 뇌의 전두엽 아랫부분, 측두엽의 가장자리 오른쪽 부분이다. 브로카 영역은 사고를 소리(혹은 쓰인 단어)로 바꾸어 말하기 위해 메시지를 운동 영역으로 보낸다.

성상세포(astrocytes)__ 뇌와 척수에 있는 크기가 가장 크고 수가 가장 많은 지주세포다. 별 모양처럼 생긴 성상세포는 세포 주변의 화학적 환경을 다스리고, 손상에 반응하고, 의사소통을 하고, 신경세포에 영향을 미치는 조절물질의 방출을 도와준다.

세로토닌(serotonin)__ 대체로 긴장 이완을 유도하고 식욕, 기분, 학습, 의식 및 수면을 조절하는 신경전달물질이다. 항울제(프로작[prozac]과 같은)는 보통 세로토닌의 흡수를 억압하여 항울작용을 좀 더 활성화시킨다.

소뇌(cerebellum)__ 후두엽 아래 및 뇌간 바로 옆에 위치하고 있는 콜리플라워(cauliflower, 꽃양배추) 모양의 조직이다. cerebellum이란 단어는 '작은 뇌(little brain)' 라는 뜻의 라틴어다. 전통적으로 소뇌에 대한 연구는 균형, 자세, 조정, 순서, 근육운동과 관련하여 이루어졌다.

수상돌기(dendrites)__ 손가락과 유사하며 세포체로부터 퍼져 있는, 꼰 실과 같은 섬유다. 수상돌기가 각기 시냅스를 만들기 위해 결합할 때 축색돌기를 위한 투입과 결합 영역을 제공한다. 각 세포는 보통 상당히 많은 수상돌기를 갖고 있다.

수질(medulla)__ 뇌간에 위치하고 있다. 뇌반구와 척수 간의 정보를 전달한다. 수질은 호흡, 순환, 각성, 심장박동을 조절한다.

시냅스(synapse)__ 연접부위에 위치하고 있다. 한 신경세포의 축색돌기가 다른 세포의 수상돌기를 자극하기 위해 신경전달물질을 방출할 때 결과적으로 생기는 반응의 연접부위가 시냅스다. 성인의 경우 무수히 많은 시냅스를 갖고 있다. 시냅스는 뇌에서 전기를 화학으로, 화학을 전기로 중계하는 이관 지점이다.

시상(thalamus)__ 뇌의 가운데에 깊숙이 위치하고 있다. 후각을 제외한 모든 감각을 위한 주요 중계 정거장이다. 일상적인 의식과 기억을 회복하는 데에 중요한 시상은 뇌를 위한 서버(server)다.

시상하부(hypothalamus)__ 시상 아래 오른쪽에 있는 조그만 조직으로 중뇌 영역의 가운데 아래에 위치하고 있다. 자동온도조절장치와 같은 작용을 한다. 식욕, 호르몬 분비, 소화, 성욕, 순환, 정서 및 수면을 점검하고 조절한다.

신경 발생(neurogenesis)__ 새로운 뇌세포가 성장하는 과정을 말한다. 신경 발생은 인간의 경우 해마와 후엽(嗅葉, olfactory area)에서 단 한 번 일어나는 것으로 알려져 있다. 신경 발생은 인간 외에 새, 쥐, 원숭이에게서도 일어난다.

신경교(glia)__ 매우 중요한 뇌세포로서, 뇌세포의 두 유형 중 하나다(다른 하나는 뉴런이다). 신경교의 수는 뉴런보다 5~10배나 더 많다. 영양물을 운반하고, 회복을 촉진하고, 수초 생성을 도우며, 나름의 의사 소통 연결망을 형성하기도 한다. 또한 신경조직 발생에 관여하기도 한다. 'neuroglia'의 축약어다.

신경세포(neurons)_ 뇌세포의 두 유형 중 하나로, 다른 하나는 신경교(glia)다. 우리는 300~500억 개의 신경세포와 이보다 훨씬 더 많은 신경교를 갖고 있다. 신경세포는 그것의 가지인 수상돌기로부터 자극을 받고, 축색돌기를 따라 신경 충동을 점화함으로써 다른 신경세포에게 연락을 취한다.

신경전달물질(neurotransmitters)_ 인간 뇌의 생화학적 전달자다. 우리는 50개가 넘는 유형의 신경전달물질을 갖고 있다. 신경전달물질은 보통 가까이에 있는 신경세포를 흥분시키는 자극제로서 혹은 활성화를 억누르는 억제자로서 작용한다. 세로토닌, 감마아미노낙산(GABA), 도파민이 이에 해당된다.

신경조절자(neuromodulators)_ 시냅스에서 전달의 질에 영향을 주는 화학물질로 코르티솔, 에스트로겐, 테스토스테론, 아드레날린이 해당된다. 이러한 화학물질은 행동 동기의 증폭기(신경전달물질)다.

아드레날린(adrenaline)_ 위험, 흥분 및 긴급의 호르몬이다. 스트레스를 받거나, 공포 혹은 흥분 상태에 놓이게 되면, 부신(adrenal gland)으로부터 혈류 속으로 이 호르몬이 방출된다. 이 호르몬이 간장(肝臟, liver)에 도달하면 급속 에너지(rapid energy)를 위해 포도당의 방출을 자극한다. 분노로 야기된 흥분의 증가는 심장관을 압축시킬 수 있으며, 이는 심장이 보다 높은 압력에 헐떡이게 한다. 이 호르몬은 에피네프린(epinephrine)으로도 알려져 있다.

아세틸콜린(acetylcholine)__ 기억 신경전달물질의 하나로, 특히 장기 기억 형성에 관여한다. 주요 접합부에서 방출되는데, 수면 중에 가장 많이 방출된다.

에피네프린(epinephrine)__ 아드레날린(adrenaline)을 대신하는 단어다('아이쿠!'라는 단어를 생각해 보라). 에피네프린은 신진대사 속도, 혈압, 정서 및 기분, 싸움, 냉담 혹은 도피와 관련된 각성 상태에 주로 관여하는 신경전달물질이자 호르몬이며 신경조절자다.

엔도르핀(endorphin)__ 마음을 안정시키는 천연 마취제다. 이 신경전달물질은 모르핀(morphine)과 유사한 것으로 뇌하수체에서 생산된다. 과도한 고통을 막아 주며 뇌 안에서 ACTH(부신 피질 자극 호르몬), 엔케팔린(enkephalin; 신경 펩티드의 일종)과 함께 방출된다. 고통을 덜어 주기 위해 방출되는 엔도르핀은 고통을 느낄 때만 방출된다.

옥시토신(oxytocin)__ 뇌하수체 후엽 호르몬의 일종으로 진통 · 모유 분비 촉진제다. 성교와 임신 중에 방출되며, 남녀 한 쌍의 결합에 영향을 준다. 여성이 남성보다 더 많이 갖고 있다.

전두엽(frontal lobes)__ 뇌의 주요 네 영역 중의 하나로 양쪽 눈 바로 위에 있는 뇌 영역의 위쪽 앞부분이다. 수의적(隨意的) 운동, 언어적 표현, 문제 해결, 의지력, 판단, 창의성, 기획 등을 조절한다. 전두엽은 성숙해짐에 따라 충동성과 성급한 행동을 억제한다. 뇌의 다른 세 영역은 두정엽, 측두엽, 후두엽이다.

축색돌기(axons)__ 뇌세포(뉴런)로부터 뻗어 있는 긴 신경섬유로서, 다른 뉴런에 출력(전기적 신경충동)을 운반한다. 1미터까지 자랄 수 있다. 축색돌기가 충분히 사용되면 미엘린(myelin; 수초를 이루는 물질)이라 불리는 지방성의 하얀 절연물을 쌓아 올린다.

측두엽(temporal lobes)__ 대뇌의 측면(상뇌의 중간, 양쪽 귀 근처)에 위치하고 있다. 듣기, 감각, 언어, 학습 및 기억 저장을 담당하고 있는 영역이다. 단어, 문장, 언어를 저장하는 측두엽은 우리 뇌에서 티보(TiVo)와 같은 역할을 한다.

편도(amygdala)__ 뇌의 중앙(측두엽 앞쪽), 해마 밑부분의 오른쪽에 위치하고 있다. 아몬드 모양의 이 두 조직은 가정에서 화재경보기가 작동하는 방식으로 여러 감각들을 처리하는 중요한 영역이다. 편도는 뇌에 불안, 분노, 공포, 의심의 정서를 전달하고 뇌의 많은 다른 영역과 관련이 있으며 학습, 인지 및 정서적 기억에 중요하다.

핍돌기교세포(oligodendrocyte)__ 신경 발생을 하고 있는 세포들을 지원하는 일에 관여하고 있는 교세포(glial cell)의 매우 중요한 유형이다. 수초 생성을 도와준다.

하뇌(lower brain)__ 상위 척수(upper spinal cord), 수질(medulla), 뇌교

(pons)로 구성되어 있는 뇌의 아랫부분을 가리키며, 망양체(reticular formation)라고 일컫기도 한다. 하뇌는 감각 정보를 흡수하고 호흡과 심장박동 등 생존 기능을 조절한다.

해마(hippocampus)__ 측두엽 깊은 곳에 위치하고 있다. 뇌의 좌, 우측에 각각 하나씩 모두 2개가 있다. 2개의 해마는 상당히 결합되어 있고, 빨리 학습하며, 기억 용량이 적다. 초승달 모양으로 생겼으며, 학습과 기억 형성에 밀접히 관여한다. 새로운 학습(명시적)은 버려지거나 혹은 장기기억을 위해 피질에 전달되기 전에 몇 시간, 며칠, 또는 몇 주 동안 해마에 보관된다.

후두엽(occipital lobe)__ 대뇌 뒤쪽에 위치하고 있다. 상뇌(upper brain)의 중요한 네 영역 중 하나인 후두엽은 시각을 처리한다. 다른 세 영역은 두정엽, 전두엽, 측두엽이다. 후두엽은 뇌의 비디오카메라로서 삶의 영상을 기록한다.

참고문헌

Abbott, T. (1999). *The hidden stairs and the magic carpet (secrets of Droon).* (T. Jessell, Illus.). New York: Scholastic.

Alexander, J., O' Boyle, M., & Benbow, C. (1966). Developmentally advanced EEG alpha power in gifted male and female adolescents. *International Journal of Psychophysiology, 23*(1–2), 25–31.

Anderson, C. A., & Bushman, B. J. (2001). Effects of violent video games on aggressive behavior, aggressive cognition, aggressive affect, physiological arousal, and prosocial behavior: A meta-analytic review of the scientific literature. *Psychological Science: A Journal of the American Psychological Society, 12*(5), 353–359.

Bailey, C. H., Kandel, E. R., & Si, K. (2004). The persistence of long-term memory: A molecular approach to self-sustaining changes in learning-induced synaptic growth. *Neuron, 44*, 49–57.

Baker, L. A., Vernon, P. A., & Ho, H. Z. (1991). The genetic correlation between intelligence and speed of information processing. *Behavior Genetics, 21*(4), 351–367.

Bardo, M. T. (2004). High-risk behavior during adolescence. *Annals of the New York Academy of Sciences, 1021*, 59–60.

Barker, S., Grayhem, P., Koon, J., Perkins, J., Whalen, A., & Raudenbush, B. (2003). Improved performance on clerical tasks associated with administration of peppermint odor. *Perceptual and Motor Skils, 97*(3 Pt.1), 1007–1010.

Bellisle, F. (2004). Effects of diet on behavior and cognition in children. *British Journal of Nutrition, 92*(2), S227–S232.

Berezovskii, V. A., Zelenskaia, T. M., Serebrovskaia, T. V., Zverkova, A. S., & Il'chevich, N. V. (1986). Degree of concordance of the adaptive reactions in twins under mountain climate conditions and their relationship to the reactivity of the physiological connective tissue system. *Fiziol Cheloveka, 12*(6), 992–998.

Bogolepova, I. (1994). The cytoarchitectonic characteristics of the speech center of the brain in gifted people in the plan to study individual variability of human brain structure. *Morfologiia, 106*(4–6), 31–38.

Bolger, K., Patterson, D., Thompson, W., & Kupersmidt, J. (1995). Psychosocial adjustment among children experiencing persistent and intermittent family economic hardship. *Child Development, 66*, 1107–1129.

Bower, B. (1987). Memory boost from spaced–out learning. *Science News, 131*, 244.

Bower, B. (1999). The mental butler did it. *Science News, 156*, 280–282.

Brown, E., Rush, A., & McEwen, B. (1999). Hippocampal remodeling and damage by corticosteroids: Implications for mood disorders. *Neuropsychopharmacology, 21*, 474–484.

Bunge, S. A., Dudukovic, N. M., Thomason, M. E., Vaidya, C. J., & Gabrieli, J. D. (2002). Immature frontal lobe contributions to cognitive control in children: Evidence from fMRI. *Neuron, 33*(2), 301–311.

Cacioppo, J., Berntson, G., Sheridan, J., & McClintock, M. (2001). Multilevel analyses of human behavior: Social neuroscience and the complementing nature of social and biological approaches. In J. Cacioppo et al. (Eds.), *Foundations of Social Neuroscience* (pp. 21–46). Cambridge: Massachusetts Institute of Technology Press.

Cahill, L., Uncapher, M., Kilpatrick, L., Alkire, M. T., & Turner, J. (2004). Sex–related hemispheric lateralization of amygdala function in emotionally influenced memory: An fMRI investigation. *Learning and Memory, 11*(3), 261–266.

Callicott. J. H., Mattay, V. S., Bertolino, A., Finn, K., Coppola, R., Frank, J. A., et al. (1999). Physiological characteristics of capacity constraints in working memory as revealed by functional MRI. *Cerebral Cortex, 9*(1), 20–26.

Carlson, R., Chandler, P., & Sweller, J. (2003). Learning and understanding science instructional material. *Journal of*

Educational Psychology, 95(3), 629–640.

Carraher, T., Carraher, D., & Schliemann, A. (1985). Mathematics in the streets and in the schools. *British Journal of Developmental Psychology, 3*, 21–29.

Carskadon, M. A., Wolfson, A. R., Acebo, C., Tzischinsky, O., & Seifer, R. (1998). Adolescent sleep patterns, circadian timing, and sleepiness at a transition to early school days. *Sleep, 21*(8), 871–881.

Carter, H. (1999). Couch potato culture starts in the cradle. *Newswise.* Retrieved November 4, 2005, from www.dialogueworks.co.uk/newswise/months/apri199/cojun.html

Castellanos, F., & Acosta, M. (2002). The neuroanatomy of attention deficit/hyperactivity disorder. *Revista de neurologia, 38*(1), S131–S136.

Ceci, S. J., & Roazzi, A. (1994). The effects of context on cognition: Postcards from Brazil. In R. J. Sternberg & R. K. Wagner (Eds.), *Mind in context: Interactionist perspectives on human intelligence* (pp. 74–101). New York: Cambridge University Press.

Champagne, F. A., & Curley, J. P. (2005). How social experiences influence the brain. *Current Opinion in Neurobiology, 15*(6), 704–709.

Chaouloff, F. (1989). Physical exercise and brain monoamines: A review. *Acta Physiologica Scandinavica, 137*, 1–13.

Chi, M. T. H., Feltovich, P., & Glaser, R. (1981). Categorization and representation of physics problems by experts and novices. *Cognitive Science, 5*, 121–152.

Christakis, D. A., Zimmerman, F. J., DiGiuseppe, D. L., & McCarty, C. A. (2004). Early television exposure and subsequent attentional problems in children. *Pediatrics, 113*(4), 708–713.

Chugani, H. (1998). A critical period of brain development: Studies of cerebral glucose utilization with PET. *Preventive Medicine, 27*(2), 184–188.

Coffey, C. E., Lucke, J. F., Saxton, J. A., Ratcliff, G., Unitas, L. J., Billig, B., et al. (1998). Sex differences in brain aging: A quantitative magnetic resonance imaging study. *Archives of Neurology, 55*,

169–179.

Colicos, M. A,, Collins, B. E., Sailor, M. J., & Goda, Y. (2001). Remodeling of synaptic actin induced by photoconductive stimulation. *Cell, 107*(5), 605–616.

Collins, D. W., & Kimura, D. (1997). A large sex difference on a two–dimensional mental rotation task. *Behavioral Neuroscience, 111*, 845–849.

Cowan, N. (2001). The magical number 4 in short–term memory: A reconsideration of mental storage capacity. *Behavioral and Brain Sciences, 24*(1), 87–114.

Damasio, A. (1994). *Descartes' error.* New York: Grosset/Putnam.

Davatzikos, C., & Resnick, S. M. (1998). Sex differences in anatomic measures of interhemispheric connectivity: Correlations with cognition in women, but not men. *Cerebral Cortex, 8*, 635–640.

Delgado, A. R., & Prieto, G. (1996). Sex differences in visuospatial ability: Do performance factors play such an important role? *Memory and Cognition, 24*, 504–510.

Denenberg, V. H., Kim, D. S., & Palmiter, R. D. (2004). The role of dopamine in learning, memory, and performance of a water escape task. *Behavioral Brain Research, 148*(1–2), 73–78.

Di Vesta, F. J., & Smith, D. A. (1979). The pausing principle: Increasing the efficiency of memory for ongoing events. *Contemporary Educational Psychology, 4*(3), 288–296.

Diamond, D., Park, C., Hemen, K., & Rose, G. (1999). Exposing rats to a predator impairs spatial working memory in the radial arm water maze. *Hippocampus, 9*, 542–552.

Dolcos, F., & McCarthy, G. (2006). Brain systems mediating cognitive interference by emotional distraction. *Journal of Neuroscience, 26*(7), 2072–2079.

Draganski, B., Gaser, C., Kempermann, G., Kuhn, H. G., Winkler, J., Büchel, C., et al. (2006). Temporal and spatial dynamics of brain structure changes during extensive learning. *Journal of Neuroscience, 26*(23), 6314–6317.

Dudai, Y. (2004). The neurobiology of consolidations, or, how stable is the engram? *Annual Review of Psychology, 55*, 51–86.

Durston, S., Hulshoff-Pol, H. E., & Casey, B. J. (2001). Anatomical MRI of the developing human brain: What have we learned? *Journal of the American Academy of Child and Adolescent Psychiatry, 40*, 1012-1020.

Eldridge, B., Galea, M., McCoy, A., Wolfe, R., & Graham, H. K. (2003). Uptime normative values in children aged 8 to 15 years. *Developmental Medicine & Child Neurology, 45*(3), 189-193.

Epel, E., Blackburn, E., Lin, J., Dhabhar, F., Adler, N., Morrow, J., et al. (2004). Accelerated telomere shortening in response to life stress. *Proceedings of the National Academy of Sciences of the United States of America, 101*(49), 17312-17315.

Ericsson, K. A. (1996). The acquisition of expert performance. In K. A. Ericsson (Ed.), *The road to excellence: The acquisition of expert performance in the arts, science and games.* Mahwah, NJ: Lawrence Erlbaum.

Eriksson, P. S., Perfilieva, E., Bjork-Eriksson, T., Alborn, A. M., Nordborg, C., Peterson, D. A., et al. (1998). Neurogenesis in the adult human hippocampus. *Nature Medicine, 4*(11), 1313-1317.

Farber, N. B., & Olney, J. W. (2003). Drugs of abuse that cause developing neurons to commit suicide. *Developmental Brain Research, 147*(1-2), 37-45.

Fields, J. M., & Casper, L. M. (2001). America's families and living arrangements: March 2000. In *U.S. Census Bureau Current Population Reports P20-537.* Washington, DC: U.S. Government Printing Office.

Fiske, E. (Ed.). (1999). Champions of change: The impact of arts on learning. *The Arts Education Partnership.* Retrieved February 22, 2006, from www.artsedge.kennedy-center.org/champions

Fox, M., Pac, S., Devaney, B., & Jankowski, L. (2004). Feeding infants and toddlers study: What foods are infants and toddlers eating? *Journal of the American Dietetic Association, 104*(1), 22-30.

Fox, N. A., Henderson, H. A., Marshall, P. J., Nichols, K. E., & Ghera, M. M. (2005). Behavioral inhibition: Linking biology and behavior within a developmental framework. *Annual Review of Psychology, 56*, 235-262.

Frank, D. A., & Greenberg, M. E. (1994). CREB: A mediator of long-term memory from mollusks to mammals. *Cell, 79*, 5–8.

Frank, L., Stanley, G., & Brown, E. (2004). Hippocampal plasticity across multiple days of exposure to novel environments. *Journal of Neuroscience, 24*(35), 7681–7689.

Furrer, C., & Skinner, E. (2003). Sense of relatedness as a factor in children's academic engagement and performance. *Journal of Educational Psychology, 95*(1), 148–162.

Fuster, J. (1995). *Memory in the cerebral cortex*. Cambridge: Massachusetts Institute of Technology Press.

Gaser, C., & Schlaug, G. (2003). Brain structures differ between musicians and non-musicians. *Journal of Neuroscience, 23*, 9240–9245.

Gazzaniga, M. (1988). *Mind matters: How mind and brain interact to create our conscious lives.* Boston: Houghton-Mifflin/Massachusetts Institute of Technology Press.

Goda, Y., & Davis, G. W. (2003). Mechanisms of synapse assembly and disassembly. *Neuron, 40*(2), 243–264.

Goodman, J. S., Wood, R. E., & Hendrickx, M. (2004). Feedback specificity, exploration, and learning. *Journal of Applied Psychology, 89*(2), 248–262.

Gordon, H. W., Stoffer, D. S., & Lee, P. A. (1995). Ultradian rhythms in performance on tests of specialized cognitive function. *International Journal of Neuroscience, 83*(3–4), 199–211.

Gould, E., McEwen, B., Tanapat, P., Galea, L., & Fuchs, E. (1997). Neurogenesis in the dentate gyrus of the adult tree shrew is regulated by psychosocial stress and NMDA receptor activation. *Journal of Neuroscience, 17*, 2492–2498.

Guay, F., Boivin, M., & Hodges, E. (1999). Predicting change in academic achievement: A model of peer experiences and self-system processes. *Journal of Educational Psychology, 91*(1), 105–115.

Gunnar, M. (2000). Early adversity and the development of stress reactivity and regulation. In C. Nelson & N. Mahwah (Eds.), *The effects of adversity on neurobehavioral development: Minnesota symposia on child psychology* (Vol. 31, pp. 163–200). Minneapolis, MN: Lawrence Erlbaum.

Haier, R. J., Siegel, B. V. Jr, MacLachlan, A., Soderling, E., Lottenberg, S., & Buchsbaum, M. S. (1992). Regional glucose metabolic changes after learning a complex visuospatial/motor task: A positron emission tomographic study. *Brain Research, 570*(1–2), 134–143.

Harasty, J., Double, K. L., Halliday, G. M., Kril, J. J., & McRitchie, D. A. (1997). Language–associated cortical regions are proportionally larger in the female brain. *Archives of Neurology, 54*, 171–176.

Heilman, K. (2000). Emotional experience: A neurological model. In R. Lane & L. Nadel (Eds.), *The cognitive neuroscience of emotion* (pp. 328–344). New York: Oxford University Press.

Heschong Mahone Group. (2003). *Windows and classrooms: A study of student performance and the indoor environment.* Retrieved September 2, 2006, from www.h–m–g.com/daylighting/main.htm

Hirsch–Pasek, K., Eyer, D., & Golinkoff, R. M. (2003). *Einstein never used flash cards: How our children really learn—And why they need to play more and memorize less.* Emmaus, PA: Rodale Press.

Hoffman, A. (1996). *Schools, violence, and society.* Westport, CT: Praeger.

Hopf, F., Waters, J., Mehta, S., & Smith, S. (2002). Stability and plasticity of developing synapses in hippocampal neuronal cultures. *Journal of Neuroscience, 22*(3), 775–781.

House, J., Landis, K., & Umberson, D. (1988). Social relationships and health. *Science, 241*, 540–545.

Hu, P., & Young, J. (1999). *Summary of travel trends: 1995 nationwide personal transportation survey.* Retrieved November 2, 2005, from www.cta.ornl.gov/npts/1995/Doc/trends_report. pdf

Huttenlocher, J., Levine, S., & Vevea, J. (1998). Environmental input and cognitive growth: A study using time–period comparisons. *Child Development, 69*(4), 1012–1029.

Jacobs, B., Schall, M., & Scheibel, A. (1993). A quantitative dendritic analysis of Bernice's area in humans II: Gender, hemispheric and environmental factor. *Journal of Comparative Neurology, 327*, 97–111.

Jausovec, N., & Jausovec, K. (2004). Differences in induced brain activity during the performance of learning and working–memory tasks related to intelligence. *Brain and Cognition, 54*(1), 65–74.

Jensen, E. (2000). *Different brains, different learners.* Thousand Oaks, CA: Corwin Press.

Jensen, E. (2006). *Enriching the brain.* San Francisco: Jossey–Bass/Wiley.

Johnson, J., Cohen, P., Smailes, E., Kasen, S., & Brook, J. (2002). Television viewing and aggressive behavior during adolescence and adulthood. *Science, 295*(5564), 2468–2471.

Johnson–Laird, P. N. (1980). Mental models in cognitive science. *Cognitive Science, 4*, 71–115.

Joy, L. A., Kimball, M., & Zabrack, M. L. (1986). Television exposure and children's aggressive behavior. In T. M. Williams (Ed.), *The impact of television: A natural experiment involving three towns* (pp. 303–360). New York: Academic Press.

Kennedy, D. O., & Scholey, A. B. (2000). Glucose administration, heart rate and cognitive performance: Effects of increasing mental effort. *Psychopharmacology, 149*(1), 63–71.

Kilberg, M. S., Pan, Y. X., Chen, H., & Leung–Pineda, V. (2005). Nutritional control of gene expression: How mammalian cells respond to amino acid limitation. *Annual Review of Nutrition, 25*, 59–85.

Kilgard, M., & Merzenich, M. (1998). Cortical map reorganization enabled by nucleus basalis activity. *Science, 279*, 1714–1718.

Killgore, W. D., Oki, M., & Yurgelun–Todd, D. A. (2001). Sex–specific developmental changes in amygdala responses to affective faces. *Neuroreport, 12*(2), 427–433.

Kluger, A., & DeNisi, A. (1996). The effects of feedback interventions on performance: A historical review, a meta–analysis, and a preliminary feedback intervention theory. *Psychological Bulletin, 119*(2), 254–284.

Koenen, K., Moffitt, T., Caspi, A., Taylor, A., & Purcell, S. (2003).

Domestic violence is associated with environmental suppression of IQ in young children. *Development and Psychopathology, 15*(2), 297–311.

LaBar, K. S., Gitelman, D. R., Parrish, T. B., Kim, Y. H., Nobre, A. C., & Mesulam, M. M. (2001). Hunger selectively modulates corticolimbic activation to food stimuli in humans. *Behavioral Neuroscience, 115*(2), 493–500.

Lane, R., & Nadel, L. (Eds.). (2000). *The cognitive neuroscience of emotion*. New York: Oxford University Press.

Larson, R. W., & Verma, S. (1999). How children and adolescents spend time across the world: Work, play, and developmental opportunities. *Psychological Bulletin, 125*(6), 701–736.

Latham, A. S. (1997). Learning through feedback. *Educational Leadership, 54*(8), 86–87.

Levin, J. R. (1988). Elaboration-based learning strategies: Powerful theory = powerful application. *Contemporary Educational Psychology, 13*(3), 191–205.

Lewit, E. M., Terman, D. L., & Behrman, R. E. (1997). Children and poverty: Analysis and recommendations. *The Future of Children, 7*, 4–24.

Lino, M., Basiotis, P. P., Gerrior, S. A., & Carlson, A. (2002). The quality of young children's diets. *Family Economics and Nutrition Review, 14*(1), 52–60.

Maguire, E. A., Spiers, H. J., Good, C. D., Hartley, T., Frackowiak, R. S., & Burgess, N. (2003). Navigation expertise and the human hippocampus: A structural brain imaging analysis. *Hippocampus, 13*(2), 250–259.

Mahoney, J., Lord, H., & Carryl, E. (2005). An ecological analysis of after-school program participation and the development of academic performance and motivational attributes for disadvantaged children. *Child Development, 76*(4), 811–825.

Maquet, P., Peigneux, P., Laureys, S., & Smith, C. (2002). Be caught napping: You're doing more than resting your eyes. *Nature Neuroscience, 5*(7), 618–619.

Maughan, R. J. (2003). Impact of mild dehydration on wellness and on exercise performance. *European Journal of Clinical Nutrition, 57*(2), S19–S23.

McNamara, D. S. (2001). Reading both high–coherence and low–coherence texts: Effects of text sequence and prior knowledge. *Canadian Journal of Experimental Psychology, 55*(1), 51–62.

Meaney, M., Sapolsky, R., & McEwen, B. (1985). The development of the gluco–corticoid receptor system in the rat limbic brain II: An autoradiographic study. *Developmental Brain Research, 18*, 159–164.

Mednick, S. C., Nakayama, K., Cantero, J. L., Atienza, M., Levin, A. A., Pathak, N., et al. (2002). The restorative effect of naps on perceptual deterioration. *Nature Neuroscience, 5*(7), 677–681.

Mednick, S., Nakayama, K., & Stickgold, R. (2003). Sleep–dependent learning: A nap is as good as a night. *Nature Neuroscience, 6*(7), 697–698.

Miczek, K. A., Fish, E. W., De Bold, J. F., & De Almeida, R. M. (2002). Social and neural determinants of aggressive behavior: Pharmacotherapeutic targets at serotonin, dopamine and gamma–aminobutyric acid systems. *Psychopharmacology, 163*(3–4), 434–458.

Mogg, K., Bradley, B., & Hallowell, N. (1994). Attentional bias to threat: Roles of trait anxiety, stressful events, and awareness. *Quarterly Journal of Experimental Psychology. Section A, Human Experimental Psychology, 47*(4), 841–864.

Moore, G., & Lackney, J. (1993). School design. *Children's Environments, 10*, 99–112.

Murray, J. (1994). The impact of televised violence. *Hofstra Law Review, 22*, 809–825.

National Center on Addiction and Substance Abuse at Columbia University. (2005). *Under the counter: The diversion and abuse of controlled prescription drugs in the U.S.* New York: Author.

Nettles, S., Mucherah, W., & Jones, D. (2000). Understanding resiliencies: The role of social resources. *Journal of Education for Students Placed at Risk, 5*(1, 2), 47–60.

Padgett, D. A., & Glaser, R. (2003). How stress influences the

immune response. *Trends in Immunology, 24*(8), 444–448.
Paus, T., Zijdenbos, A., Worsley, K., Collins, D. L., Blumenthal, J., Geidd, J. N., et al. (1999). Structural maturation of neural pathways in children and adolescents: In vivo study. *Science, 283*, 1908–1911.
Pert, C. B. (1998). *Molecules of emotion.* New York: Simon & Schuster.
Pollitt, E., Gorman, K., Engle, P., Rivera, J., & Martorelli, R. (1995). Nutrition in early life and the fulfillment of intellectual potential. *Journal of Nutrition, 125*, S1111–S1118.
Pomerantz, E. M., Altermatt, E. R., & Saxon, J. L. (2002). Making the grade but feeling distressed: Gender differences in academic performance and internal distress. *Journal of Educational Psychology, 94*(2), 396–404.
Raine, A., Reynolds, C., Venables, P., & Mednick, S. (2002). Stimulation seeking and intelligence: A prospective longitudinal study. *Journal of Personality & Social Psychology, 82*(4), 663–674.
Ramey, S. L., & Ramey, C. T. (2000). Early childhood experiences and developmental competence. In J. Waldfogel & S. Danziger (Eds.), *Securing the future: Investing in children from birth to college* (pp. 122–150). New York: Russell Sage Foundation.
Rauscher, F. H., Shaw, G. L., Levine, L. J., Ky, K. N., & Wright, E. L. (1993). Music and spatial task performance. *Nature, 365*, 611.
Rideout, V., & Vandewater, E. (2003). *Zero to six: Electronic media in the lives of infants and toddlers and preschoolers.* Retrieved August 28, 2006, from www.kff.org/entmedia/entmedia102803nr.cfm
Rossi, E. (2002). *The Psychobiology of gene expression.* New York: W. W. Norton.
Schacter, D. (2001). *The seven sins of memory.* Boston: Houghton–Mifflin.
Schlaepfer, T. E., Harris, G. J., Tien, A. Y., Peng, L., Lee, S., & Pearlson, G. D. (1995). Structural differences in the cerebral cortex of healty female and male subjects: A magnetic resonance imaging study. *Psychiatry Research, 61*, 129–135.
Schneider, M. (2002). *Do school facilities affect academic outcomes?* Washington, DC: National Clearing House for Educational Facilities.
Schore, A. N. (2000). Attachment and the regulation of the right brain.

Attachment and Human Development, 2(1), 23–47.

Schroth, M. L. (1997). Effects of frequency of feedback on transfer in concept identification. *American Journal of Psychology, 110*(1), 71–79.

Shadmehr, R., & Holcomb, H. H. (1997). Neural correlates of motor memory consolidation. *Science, 277*(5327), 821–825.

Shannon, B. J., & Buckner, R. L. (2004). Functional–anatomic correlates of memory retrieval that suggest nontraditional processing roles for multiple distinct regions within posterior parietal cortex. *Journal of Neuroscience, 24*, 10084–10092.

Simpson, J. Jr., Snyder, A., Gusnard, D., & Raichle, M. (2001). Emotion–induced changes in human medial prefrontal cortex: I. During cognitive task performance. *Proceedings of the National Academy of Sciences, 98*(2), 683–687.

Sowell, E. R., Trauner, D. A., Gamst, A., & Jernigan, T. L. (2002). Development of cortical and subcortical brain structures in childhood and adolescence: A structural MRI study. *Developmental Medicine and Child Neurology, 44*(1), 4–16.

Stahl, R. J. (1994). Using "think–time" and "wait–time" skillfully in the classroom. Tempe: Arizona State University (ERIC Digest ED370885). Retrieved January 1, 2007, from www.ed.gov/databases/ERIC Digests/ed370885.html

Steinberg, L. (2005). Cognitive and affective development in adolescence. *Trends in Cognitive Science, 9*(2), 69–74.

Strasburger, V. C., & Donnerstein, E. (2000). Children, adolescents, and the media in the 21st century. *Adolescent Medicine, 11*(1), 51–68.

Tanaka, S. (2002). Dopamine controls fundamental cognitive operations of multi–target spatial working memory. *Neural Networks, 15*(4–6), 573–582.

Tansey, M. A., Tansey, J. A., & Tachiki, K. H. (1994). Electroencephalographic cartography of conscious states. *International Journal of Neuroscience, 77*(1–2), 89–98.

Thompson, P. M., Giedd, J. N., Woods, R. P., MacDonald, D., Evans, A. C., & Toga, A. W. (2000). Growth patterns in the developing brain detected by using continuum mechanical tensor maps.

Nature, 404(6774), 190–193.

U.S. Census Bureau. (1998). Unpublished tables. In *Marital status and living arrangements: March 1998 (Update) P20–514.* Washington, DC: Author. Retrieved December 2002, from www.census.gov/prod/99pubs/p20–514u.pdf

U.S. Department of Transportation, Bureau of Transportation Statistics. (2006). *National household travel survey, 2001–2002.* Retrieved January 1, 2007, from www.bts.gov/publications/the_changing_face_of_transportation and http://www.bts.gov/programs/national_household_travel_survey/daily_travel.html

Uchino, B., Cacioppo, J., & Kiecolt–Glaser, J. (1996). The relationship between social support and physiological process: A review with emphasis on underlying mechanisms and implications for health. *Psychological Bulletin, 119,* 488–531.

Wesseling, J. F., & Lo, D. C. (2002). Limit on the role of activity in controlling the release–ready supply of synaptic vesicles. *Journal of Neuroscience, 22*(22), 9708–9720.

Wessler, S. (2004). It's hard to learn when you're scared. *Educational Leadership, 61*(1), 40–43.

Wildey, M. B., Pampalone, S. Z., Pettetier, R. L., Zive, M. M., Elder, J. P., & Sallis, J. F. (2000). Fat and sugar levels are high in snacks purchased from student stores in middle schools. *Journal of the American Dietetic Association, 100*(3), 319–322.

Willoughby, T., Porter, L., Belsito, L., & Yearsley, T. (1999). Use of elaboration strategies by students in grades two, four, and six. *Elementary School Journal, 99*(3), 221–231.

Wiltgen, B. J., Brown, R. A., Talton, L. E., & Silva, A. J. (2004). New circuits for old memories; The role of the neocortex in consolidation. *Neuron, 44*(1), 101–108.

Witelson, S. F., Glezer, I. I., & Kigar, D. L. (1995). Women have greater density of neurons in posterior temporal cortex. *Journal of Neuroscience, 15,* 3418–3428.

찾아보기

인 명

내용

저자 소개

Eric Jensen

Eric Jensen은 초등학교부터 대학교에 이르기까지 모든 교육단계에 교직 경력을 가진 전직 교육자이자 현직 교원연수 프로그램 개발자다. 1981년에 그는 미국에서 최초로 가장 규모가 큰 뇌기반 학습 프로그램인 슈퍼캠프(SuperCamp)를 공동으로 창설하였다. 현재 슈퍼캠프를 거쳐 간 학생들이 4만 5,000명 이상에 달한다. 그는 『뇌기반 학습(*Brain-Based Learning*)』『뇌기반 전략(*Brain-Compatible Strategies*)』『뇌를 알고 가르치기(*Teaching with the Brain in Mind*)』『뇌 강화하기(*Enriching the Brain*)』『슈퍼교수법(*SuperTeaching*)』 등을 저술하였다. 그는 현재 신경과학학회와 뉴욕과학원의 회원이며, 심리학 전공으로 박사학위 과정을 수료하였다. 각종 회의에서 초청연사로 활동하고 있으며 www.jensenlearning.com에서 심층적인 연수교육을 제공하고 있다. 그는 긍정적이고 유의미하며 개인차를 고려하여 학습하는 세상을 만드는 데에 깊이 관여하고 있다.

역자 소개

정종진

공주사범대학 교육학과를 졸업하고, 충남대학교와 건국대학교 대학원에서 교육심리학을 전공하여 교육학 석사와 박사 학위를 받았다. 뉴질랜드 크라이스트처치 교육대학 연구교수, 오스트레일리아 퀸즐랜드 대학교 객원교수, 한국교육심리학회 부회장, 한국초등상담교육학회 회장 등을 역임하였으며, 현재는 대구교육대학교 교육학과 교수로 재직 중이다. 교육심리학을 공부하면서 '아이들의 발달과 학습은 어떻게 이루어지는가?' '아이들이 즐겁고 효율적으로 공부할 수 있도록 하려면 어떻게 해야 하는가?' '아이들이 긍정의 마음과 행복감을 가질 수 있도록 어떻게 도울 것인가?' 라는 고민을 하다가 만난 것이 바로 '뇌기반 교육' 혹은 '뇌기반 학습과학' 이다. 이후 '뇌' 라는 미지의 영역을 공부하는 재미에 푹 빠져 뇌과학과 교육의 올바른 연결고리를 찾는 연구를 하면서 그 결과물로 『다중지능과 교수-학습』(공역, 2006), 『브레인 스트레칭』(2006), 『뇌기능과 학습력 향상을 위한 브레인짐』(2007), 『좋은 수업의 실제』(공역, 2007), 『뇌기반 교수-학습전략』(공역, 2008) 등의 저·역서를 출간하였다.

뇌기반 교육의 원리

Introduction to Brain-Compatible Learning (2nd ed.)

2010년 1월 25일 1판 1쇄 인쇄
2010년 1월 30일 1판 1쇄 발행

지은이 • Eric Jensen
옮긴이 • 정종진
펴낸이 • 김진환
펴낸곳 • (주) 학지사
121-837 서울특별시 마포구 서교동 352-29 마인드월드빌딩 5층
대표전화 • 02)330-5114 팩스 • 02)324-2345
등록번호 • 제313-2006-000265호

홈페이지 • http://www.hakjisa.co.kr
커뮤니티 • http://cafe.naver.com/hakjisa

ISBN 978-89-6330-236-2 93370

정가 10,000원

역자와의 협약으로 인지는 생략합니다.
파본은 구입처에서 교환해 드립니다.